Diagnosetraining Psychotherapie

AF222933

Diagnosetraining Psychotherapie

Ein Arbeits- und Nachschlagebuch

Ingo Michael Simon

Wichtige Hinweise

Der Autor und seine Mitarbeiter haben bei der Erstellung dieses Buches größten Wert auf Sorgfalt bei der Auswahl und Recherche der Inhalte gelegt. Medizinische Erkenntnisse und entsprechende Konsequenzen für die psychotherapeutische Arbeit unterliegen einer teilweise raschen Entwicklung, sodass sich mit der Zeit Veränderungen ergeben. Es unterliegt daher der Verantwortung der Leserinnen und Leser, ihr Wissen aktuell zu halten und angemessen mit ihren Klienten umzugehen. Ein Fachbuch zur Prüfungsvorbereitung ersetzt nicht die notwendigen praktischen Fähigkeiten eines Heilpraktikers für Psychotherapie. Dieses Buch kann daher nicht als Handlungsempfehlung gelten und keine Vorschläge zur Behandlung von Klienten oder Patienten geben.

Ausbildungsangebote

Ingo Michael Simon bietet regelmäßig Ausbildungskurse zur Vorbereitung auf die amtsärztliche Überprüfung und zu verschiedenen Therapieformen und Themen an. Aktuelle Informationen und Termine finden Sie auf *www.praxissimon.de*.

Impressum

Zweite Auflage
© 2010 - Ingo Michael Simon
Alle Rechte liegen beim Autor.
Idee und Konzept: Praxisteam Simon
Kontakt: www.praxissimon.de
Herstellung und Verlag: Books on Demand GmbH, Norderstedt
ISBN: 978-3-8370-4281-8

Vorwort

Immer wieder fragen mich angehende Heilpraktiker für Psychotherapie, wie man sich am besten auf Fallbeispiele in der mündlichen Prüfung vorbereiten kann. Dabei schwingt immer der Wunsch nach einem einfachen und gleichzeitig treffsicheren Diagnoseschema mit. Das ist allerdings nicht so einfach möglich, denn psychische Störungen können nicht immer anhand bestimmter Symptome sicher diagnostiziert werden. Es gibt daher nur sehr komplexe Diagnoseschemata, die für eine schnelle Antwort in der mündlichen Überprüfung kaum brauchbar sind. Meine Antwort lautet daher: Üben, Üben, Üben! Wer viele Fallschilderungen gelesen hat oder viele Fälle in einem Ausbildungskurs bearbeitet hat, entwickelt eine Routine im Auffinden von Symptomen und im Erkennen von Störungsbildern. Meine Erfahrung mit Ausbildungsgruppen zeigt, dass das Problem der meisten Anwärter nicht darin besteht, von typischen Symptomkonstellationen auf die richtige oder zumindest auf die wahrscheinlichste Diagnose zu schließen, sondern darin, die geschilderten Symptome überhaupt richtig zu interpretieren. Klienten suchen uns in der Praxis nicht auf, weil sie Symptome bei sich beobachten, sondern weil sie Leidensdruck haben und sich schwierigen Situationen ausgesetzt sehen. Wenn es da psychopathologische Symptome gibt, müssen wir als Heilpraktiker für Psychotherapie diese aus den Schilderungen heraushören und durch gezielte Fragen absichern. Übung macht auch hier den Meister und zu diesem Zweck habe ich das vorliegende Buch geschrieben. Wir betrachten hier alle gängigen Symptombereiche und anschließend die wichtigsten Störungsbilder. So üben Sie Schritt für Schritt, zunächst einmal mit dem Erkennen von Symptomen, dann mit umfangreicheren Fallschilderungen und Diagnosen. Ich freue mich, auf Anregung vieler Teilnehmer/innen meiner Ausbildungskurse mit diesem Buch eine weitere Lernhilfe für Ihre Prüfungsvorbereitung anbieten zu können und wünsche Ihnen viel Freude und lehrreiche Stunden beim Lernen und Arbeiten damit.

Ingo Michael Simon
Oktober 2010

Die Arbeit mit dem Buch

Die Grundidee

Das vorliegende Buch dient der Vorbereitung auf die Heilpraktiker-prüfung (Psychotherapie), vor allem mit Blick auf den mündlichen Teil. Der inhaltliche Ablauf einer mündlichen Überprüfung ist frei gestaltbar. Daher kommt es sehr auf die Einstellung der Prüfer an, ob dabei auch Fallbeispiele vorkommen. Viele Anwärter berichten, dass ausschließlich theoretisches Fachwissen abgefragt wurde. Das macht die Prüfung nicht unbedingt einfacher. Gleichzeitig häufen sich Rückmeldungen, die von Fallschilderungen im Prüfungsgespräch berichten. Unter dem zeitlichen Druck und der nervösen Anspannung werden Fallbeispiele meistens als relativ schwierig erlebt. Das liegt aber weniger daran, dass die Beispiele besonders komplex wären, sondern eher daran, Symptome richtig aus Klientenäußerungen herauszu-lesen und dann zuzuordnen. Manchmal fehlen auch die „überdeutli-chen" Kennzeichen einer Störung, was aber dem Praxisalltag ent-spricht. Die Vorbereitung auf das Diagnostizieren in einer Prüfungssi-tuation ist nicht ganz einfach. Hierzu benötigen wir einerseits detail-liertes Fachwissen zu den psychischen Störungsbildern und anderer-seits geeignete Fallschilderungen. In der mündlichen Überprüfung wird der Fall meist vorgetragen oder vorgelesen und den Anwärtern zusätzlich in schriftlicher Form ausgehändigt. Selbstverständlich wer-den dort keine Symptome als psychopathologische Stichwortsamm-lung übergeben, sondern eine beobachtende Beschreibung oder direkte Klientenaussagen. Welche Symptome sich darin zeigen, müssen Sie in der Prüfung schon selbst erkennen. Klienten benennen ihre Symptome auch nicht mit psychopathologischen Begriffen, sondern erläutern ihre Befindlichkeiten und Erlebnisse. Im Buch geht es daher um zwei As-pekte:

1. Das Erkennen von Symptomen aus Klientenaussagen und Fallschilderungen
2. Das Erkennen typischer Symptomkonstellationen und die Zuordnung zu den entsprechenden Störungsbildern

Nach diesen Vorgaben richten sich der Aufbau des Buches und die Gestaltung der Fallbeispiele.

Der Aufbau des Buches

Wir haben das Buch so aufgebaut, dass wir zunächst mit den wichtigsten Symptombereichen beginnen und diese jeweils erläutern. Dabei haben wir solche Symptome zu einem Kapitel zusammengefasst, die häufig gemeinsam vorkommen oder begrifflich oft verwechselt werden. Zu jedem Kapitel gibt es Übungsaufgaben, bei denen Sie Symptome aus Klientenschilderungen herausfinden müssen.

Wir haben jeweils einen so breiten Rand gelassen, dass Sie Ihre eigenen Notizen neben die Beispiele schreiben können. Notieren Sie dort die gefundenen Symptome und schreiben Sie gerne weitere Hinweise und „Eselsbrücken" auf, die Ihnen das Lernen erleichtern.

Beispielschilderung   *Ihre Notiz*

Beispiel 1:
„Ich denke ganz klar, mache einen Plan und plötzlich ... alles weg ... der Gedanke ist weg!"   *Gedankenabreißen*

Auf den letzten Seiten des Buches finden Sie die Lösungen. Die weiteren Kapitel befassen sich mit den wichtigsten Störungsbildern. Hier stellen wir zunächst die Diagnosekriterien und die typische Symptomatik vor. Wir haben auch hier immer solche psychischen Störungen in jeweils einem Kapitel dargestellt, die bei Fallschilderungen oft miteinander verwechselt werden. Daher entspricht unsere Gliederung nicht den Gruppen der ICD-10. Psychische Krankheiten, die sehr leicht zu diagnostizieren sind oder keine große Rolle im Praxisalltag und in der Überprüfung spielen, haben wir dabei nicht berücksichtigt. In diesem Buch geht es nicht um das systematische Lernen, sondern um die diagnostische Unterscheidung der einzelnen Störungsbilder.
Jedes Kapitel wird von Fallschilderungen ergänzt, die wir ähnlich wie die Symptomschilderungen mit einem breiten Rand versehen haben, damit Sie Notizen machen können. Schreiben Sie dabei zunächst alle

Symptome auf, die Sie finden können und überlegen Sie dann, welche Diagnose die wahrscheinlichste ist.

Beispielschilderung	**Ihre Notizen**

Beispiel 2:
„Ab dem dritten Stock schaue ich nicht mehr aus dem Fenster. Einmal bin ich mit einem Glasaufzug gefahren, so einer, bei dem man alles sieht. Es war die Hölle. Ich dachte jeden Moment, das Ding stürzt ab. Mein Herz schlug extrem schnell, ich konnte es spüren bis in den Hals. Ich schwitzte, meine Kehle war wie zugeschnürt. Seitdem steige ich auf keine Leiter mehr ..."

Herzrasen
Schwitzen
Beklemmungsgefühl
Angst vor Höhe

Diagnose:
spezifische Phobie

Auch hierfür finden Sie die Lösungsvorschläge auf den letzten Seiten des Buches. Dabei haben wir jeweils die Diagnose vorangestellt und anschließend die Symptome aufgelistet.

Das letzte Kapitel schließlich enthält zehn Fallschilderungen, die aus allen Bereichen kommen. Hier können Sie abschließend testen, ob Sie "sichere Diagnosen" stellen können. Weitere Fallbeispiele mit ausführlicher Bearbeitung finden Sie in dem Buch Heilpraktiker für Psychotherapie. 20 Fallbeispiele (ISBN 978-3-8370-1090-9).

Wir wünschen Ihnen viel Spaß und lehrreiche Stunden bei der Arbeit mit unserem Buch und natürlich Erfolg in der Prüfung!

Inhaltsverzeichnis

1 Bewusstsein, Orientierung und Gedächtnis

1.1 Bewusstseinsstörungen

Definition

Das Bewusstsein eines Menschen ergibt sich aus den Faktoren Wachheit (Vigilanz), Bewusstseinsklarheit und Ich-Bewusstsein. Liegt eine Beeinträchtigung der Vigilanz vor, so spricht man von quantitativen, sind Bewusstseinsklarheit oder Ich-Bewusstsein verändert, so nennt man das qualitative Bewusstseinsstörungen.

Quantitative Bewusstseinsstörungen

Diese werden nach dem Grad der Beeinträchtigung der Vigilanz unterschieden und eingeteilt in Benommenheit, Somnolenz, Sopor, Präkoma und Koma. Die folgende Tabelle zeigt die Unterschiede.

Störungsgrad	Erscheinungsbild
Benommenheit	- Patient ist schläfrig - leicht aufzuwecken - nach Erwachen gut orientiert
Somnolenz	- Patient ist schläfrig - durch lautes Ansprechen aufzuwecken - keine spontanen Äußerungen
Sopor	- Patient ist schläfrig - nur durch starke Reize wie Schütteln weckbar
Präkoma	- Patient ist nicht mehr weckbar - vegetative Funktionen sind gestört - Pupillenreflex erhalten
Koma	- Patient ist nicht mehr weckbar - vegetative Funktionen gestört - kein Pupillenreflex

Qualitative Bewusstseinsstörungen

Bei mangelnder Klarheit in der Wahrnehmung der Ich-Welt liegt eine Bewusstseinseintrübung vor. Die Zusammenhänge des Erlebens gehen verloren, Denken und Handeln sind verworren. Bei einer Fokussierung der Wahrnehmung und eher traumhaftem Erleben, bei dem auf Außenreize nicht mehr im erwarteten Maß angesprochen wird, liegt eine Bewusstseinseinengung vor. Bei einer Bewusstseinserweiterung, die auch Bewusstseinsverschiebung genannt wird, erlebt der Patient Helligkeit, Raumgröße und andere Umgebungsvariablen viel intensiver.

Bezeichnung	Erscheinungsbild
Bewusstseinseintrübung	- mangelnde Klarheit der Ich-Welt - Zusammenhänge des Erlebens und Denkens sind verworren
Bewusstseinseinengung	- traumähnliches Erleben - verminderte Reaktion auf Außenreize
Bewusstseinserweiterung	- gesteigerte Intensität der Wahrnehmung von Helligkeit, Farben, Raumgröße, Umgebung

Vorkommen

Bewusstseinsstörungen haben immer zerebrale Ursachen, sie treten also bei direkten oder indirekten Schädigungen des Gehirns auf. Folgende Auslöser sind typisch:

Quantitative Störungen
- Gehirnerschütterung
- Durchblutungsstörungen
- Sauerstoffmangel
- Entzündungen
- Vergiftungen

Qualitative Störungen
- Schädel-Hirn-Verletzungen
- epileptische Anfälle
- Alkoholvergiftungen
- Medikamentenwirkung
- Fliegenpilzvergiftungen

1.2 Orientierungsstörungen

Definition

Orientierungsstörungen liegen bei mangelndem Bescheidwissen über zeitliche, situative, örtliche (räumliche) oder personenbezogene (Lebenslauf-) Daten vor. Die Orientierung kann bei vielen psychischen Erkrankungen eingeschränkt und in schweren Fällen sogar aufgehoben sein. Bei fortschreitender Schädigung geht meist zunächst die zeitliche, danach die situative und örtliche und zuletzt die Orientierung zur eigenen Person verloren (ZSOP).

Orientierungsstörungen

Die Tabelle zeigt kurze Erläuterungen zu den verschiedenen Störungsbereichen der Orientierung.

Störungsbereich	Erscheinungsbild
zeitliche	Unwissenheit über Tag, Jahr, Jahreszeit
situative	aktuelle Situation wird nicht erfasst
örtliche	Patient weiß nicht, wo er ist
zur Person	Name, Geburtstag etc. gehen verloren

Vorkommen

Orientierungsstörungen kommen meistens im Zuge organisch bedingter psychischer Störungen vor. Folgende Ursachen sind typisch:

Orientierungsstörungen

- Rauschzustände (Alkohol, Drogen)
- Alkoholentzug (Delir)
- Korsakow-Syndrom
- Demenzerkrankungen

1.3 Gedächtnisstörungen

Definition

Eine Gedächtnisstörung liegt bei der Beeinträchtigung der Fähigkeit, neue Erfahrungen (Merkfähigkeit) zu speichern oder ältere wiederzugeben (Altgedächtnis) vor. Gedächtnisleistungen sind auch im gesunden Zustand nicht konstant, sondern stets abhängig von den begleitenden Affekten beim Speicherungs- oder Erinnerungsvorgang. Man unterscheidet Amnesien und Paramnesien.

Amnesien

Von einer Amnesie spricht man bei einer zeitlichen oder inhaltlichen Erinnerungslücke. Diese kann partiell (lakunär) sein und nur bestimmte Inhalte betreffen, oder sie ist total und besteht als vollständige Lücke für einen bestimmten Zeitraum. Meistens kommen Amnesien im Zusammenhang mit zerebralen Schädigungen vor. Sie werden nach den Zeiträumen um ein schädigendes Ereignis benannt, je nachdem, welche Zeit von der Erinnerungslücke betroffen ist.

Bezeichnung	Zeitraum der Erinnerungslücke
retrograde Amnesie	- vor dem schädigenden Ereignis
anterograde Amnesie	- nach dem schädigenden Ereignis
kongrade Amnesie	- schädigendes Ereignis selbst
transitorische globale Amnesie (TGA)	- retrograde und anterograde Amnesie - Routineaufgaben können erledigt werden - Rückbildung nach 24 Std.

Die transitorische globale Amnesie wird auch transiente globale Amnesie genannt. Beide Begriffe bezeichnen das gleiche Phänomen.

Paramnesien

Bei solchen Gedächtnisstörungen liegen verfälschte Erinnerungen bei wechselnder Bewusstseinsklarheit vor. Das Gedächtnis ist also erhalten, es zeigt keine Lücken. Das Verständnis und die Einordnung der Erinnerungen sind beeinträchtigt. Die verschiedenen Formen sind in der folgenden Tabelle zusammengestellt.

Bezeichnung	Erleben
Déjà-vu	Gefühl, etwas Neues schon einmal gesehen zu haben
Déjà-vecu	Gefühl, eine gerade stattfindende Situation schon einmal durchlebt zu haben
Ekmnesie	Vergangenes wird als Gegenwart erlebt (Störung des Zeiterlebens)
Hypermnesie	gesteigerte Erinnerungsfähigkeit

Vorkommen

Amnestische Störungen kommen hauptsächlich bei organisch bedingten Störungen vor. Es gibt allerdings auch eine psychogene Form, die dissoziative Amnesie, bei der plötzlich Erinnerungen verloren gehen, im schwersten Fall sämtliche Lebenslauferinnerungen.

Amnesie
- Demenz
- CO-Vergiftung
- Strangulation
- Gehirnerschütterung
- Schlaganfall
- Alkoholismus
- dissoziative Störungen

1.4 Übungseinheit

Lesen Sie die Beispiele aufmerksam durch und notieren Sie auf dem Seitenrand die geschilderten Symptome. Vergleichen Sie Ihre Lösungen anschließend mit unseren Vorschlägen!

Beispiel 1:
„Ich hatte diesen Unfall. Ich erinnere mich, dass der Rettungswagen da war. Es war eine Notärztin. Ich hatte keine Ahnung, was passiert war. Bis heute erinnere ich mich nur daran, dass ich zu Hause losgefahren war. Mehr weiß ich nicht mehr."

Beispiel 2:
„Meine Mutter ist jetzt 78 Jahre alt. Inzwischen ist sie ziemlich durcheinander an manchen Tagen. Neulich wollte sie abends Frühstück machen. Sie hat immer wieder gesagt, sie hätte noch nicht gefrühstückt."

Beispiel 3:
„Ich hatte gestern ein ganz merkwürdiges Erlebnis. Ich war in der Stadt, wollte eigentlich etwas spazieren gehen. Plötzlich erkannte ich die Straßen nicht mehr. Ich hatte mich verlaufen, obwohl ich seit Jahren hier lebe. Ich konnte mich einfach nicht mehr zurechtfinden. Ich musste Fußgänger nach dem Weg fragen."

Beispiel 4:
„Ich war in der Disco, hatte etwas getrunken, nicht viel. Plötzlich war alles um mich herum so grell. Alles hat geleuchtet, die Farben waren so stark."

Beispiel 5:
„Es ist gerade, als hätte ich das gleiche schon einmal getan. Ich wusste schon, indem ich mich hingesetzt habe, was als nächstes passiert."

Beispiel 6:
„Warum bin ich hier? Ich will nach Hause! Wer sind Sie? Was soll das hier? Lassen Sie mich bloß in Ruhe!"

Beispiel 7:
„Ich wurde aus diesem brennenden Haus gerettet. Ich erinnere mich gut daran, ich dachte schon, es wäre vorbei und ich müsste sterben. Meine Eltern haben mich sofort im Krankenhaus besucht, sagen sie. ich kann mich nicht daran erinnern. Irgendwie ist da eine Lücke."

Beispiel 8:
Ein Klient in Ihrer Praxis berichtet, dass er Medikamente zur Beruhigung und zum Einschlafen nehme. Im Gespräch verliert er sehr schnell an Aufmerksamkeit und wirkt schläfrig. Immer wieder müssen Sie ihn laut ansprechen, woraufhin er kurz „aufwacht", aber rasch wieder abgleitet.

Beispiel 9:
„Mein Vater vergisst immer wieder die Zeit. Wenn ich mich mit ihm verabrede und dann vor der Tür stehe, behauptet er, ich sei viel zu früh oder es wäre der falsche Tag. Das geht nun schon seit einigen Wochen so."

2 Formales und inhaltliches Denken

2.1 Formale Denkstörungen

Definition

Bestehen Beeinträchtigungen des Vorgangs, während dessen ein Gegenstand, eine Situation oder ein Sachverhalt erfasst und kognitiv verarbeitet wird, so spricht man von Denkstörungen. Dabei kann der Gedankenablauf gestört sein (Wie denkt der Klient?) oder das Ergebnis des Denkens (Was denkt er?). Bei den formalen Denkstörungen geht es immer um den Verlauf des Denkens. Typische Beispiele stehen in der Tabelle auf der nächsten Seite. Inhaltliche Denkstörungen sind Zwang und Wahn. Sie folgen in den nächsten Kapiteln.

Wichtige Unterscheidungen

Beachten Sie bitte bereits jetzt, immer klar zu unterscheiden zwischen Gedächtnisstörung und Denkstörung. Im Alltagsgebrauch liegen diese Begriffe nahe beieinander. Sie bezeichnen jedoch ganz unterschiedliche Symptome. Nicht selten werden hier Fehler gemacht, wenn es auch nur im Gebrauch der Begriffe ist. Gedächtnis hat immer mit Speicherung und Erinnern zu tun, Denken immer mit dem Vorgang des Überlegens und des gedanklichen Bearbeitens von Inhalten.

Vorkommen

Formale Denkstörungen kommen vor allem bei affektiven Störungen, bei Schizophrenie und bei Wahnerkrankungen vor, Symptome wie Grübeln, Denkhemmung, Einengung und verlangsamtes Denken auch bei Depression. Manie zeichnet sich durch Ideenflucht und Gedankendrängen aus. Organische Krankheiten oder Schäden können ebenfalls formale Denkstörungen verursachen.

Depression	**Manie**	**Schizophrenie**
- verlangsamtes Denken	- Ideenflucht	- Zerfahrenheit
- Denkhemmung	- Gedankendrängen	- Gedankenabreißen
- eingeengtes Denken		
- Grübeln		
- Perseveration		

Bezeichnung	Erleben
verlangsamtes Denken	- schleppend, zögernd
Denkhemmung	- unregelmäßig, gebremst
eingeengtes Denken	- Fixierung auf wenige Themen
Grübeln	- unablässige Beschäftigung mit schwierigen Themen
Gedankensperrung (Gedankenabreißen)	- plötzlicher Abbruch
Weitschweifigkeit (Umständlichkeit)	- keine Trennung wesentlich-unwesentlich, unzählige Details
Perseveration	- Haften an immer gleichen Inhalten
Verbigeration	- sinnlose ständige Wiederholungen
Neologismen	- Wortneuschöpfungen
Gedankendrängen	- aufdrängende Gedanken
Ideenflucht	- schnell wechselnde Assoziationen
Zerfahrenheit (Inkohärenz)	- unzusammenhängend nebeneinander
▪ Paralogik ▪ Paragrammatismus ▪ Schizophasie	- erhaltener Satzbau - gestörter Satzbau - Sprachzerfall
Vorbeireden	- inhaltlich unpassende Antworten

2.2 Zwangssymptome

Definition

Zwänge sind sich aufdrängende Gedanken, Impulse oder Handlungen, die als ich-fremd erlebt werden, aber dennoch als unsinnig erkannt werden. Daher sagt man, die Meinhaftigkeit bleibt erhalten. Die Person erlebt es als ein Aufdrängen aber als von innen kommend. Man unterscheidet Zwangsgedanken, Zwangsimpulse und Zwangshandlungen, die fließend ineinander übergehen. Zwänge gehören neben dem Wahn zu den inhaltlichen Denkstörungen.

Erscheinungsformen

Zwang	Erscheinungsbild
Zwangsgedanken	sich aufdrängende Gedanken Bsp.: gotteslästerliche Worte in der Kirche
Zwangsimpulse	sich aufdrängende Handlungsimpulse Bsp.: das Berühren von Personen
Zwangshandlungen	Handlungen, gegen die sich der Klient nicht dauerhaft wehren kann Bsp: Kontrollzwang, Waschzwang

Vorkommen

Es gibt die Zwangsstörung als eigene psychische Störung, bei der die Symptomatik ganz im Vordergrund steht. Zwänge kommen jedoch bei vielen anderen psychischen Störungsbildern vor, beispielsweise bei Schizophrenie, Persönlichkeitsstörungen und Depressionen (Zwangsgrübeln).

2.3 Wahn

Definition

Beim Wahn steht die subjektive Überzeugung im Gegensatz zu der objektiv prüfbaren Wirklichkeit. Im Gegensatz zu Zwängen, die bizarr sind, deren Unsinnigkeit aber erkannt wird, hält der Patient im Wahn an seiner Wahrnehmung fest. Alles Denken und Fühlen wird davon bestimmt. Bei Wahnphänomenen unterscheidet man verschiedene Formen und zahlreiche Wahnthemen.

Formen des Wahns

Die verschiedenen Wahnformen sind auf der nächsten Seite aufgelistet. Im Zuge einer wahnhaften Erkrankung, vor allem bei Schizophrenie, stellt sich im Laufe der Zeit immer ein Wahnsystem ein. Im Wahnsystem findet der Patient seine Erlebnisse als erklärbar und in sich stimmig wieder und zieht sich zunehmend in diese Welt zurück, sofern er nicht erfolgreich behandelt wird. Die einzelnen Wahnformen tauchen in der Regel nicht isoliert auf, sondern sind bei anhaltender Symptomatik alle mehr oder weniger stark ausgeprägt. Von Wahnideen muss die überwertige Idee abgegrenzt werden, die häufig für ein Wahnphänomen gehalten wird. Das ist sie nicht. Von einer überwertigen Idee spricht man bei einem Denkinhalt, der so stark emotional besetzt ist, dass das Denken sehr einseitig und unsachlich wird. Die Idee steht als so bedeutend im Mittelpunkt, dass ihre Übertriebenheit nicht gesehen wird. Wahn liegt aber nur vor, wenn die Überzeugung nicht korrigierbar ist. Bei einer überwertigen Idee ist der Patient noch zugänglich für eine Anpassung und Veränderung seiner Sichtweise.

Vorkommen

Wahnphänomene kommen vor allem bei Schizophrenie vor, aber auch bei schweren Depressionen, Delir und bei der wahnhaften Störung.

Wahnformen

Wahnform	Erscheinungsbild
Wahnstimmung	- Geht dem eigentlichen Wahnerleben oft voraus ("Es liegt was in der Luft")
Wahnwahrnehmung	- Objektive Wahrnehmung mit bizarrer Interpretation (Ampel als Hinweis auf den nahenden Tod)
Wahneinfall (Wahnidee, Wahngedanke)	- Wahnphänomen ohne vorherige Wahrnehmung
Wahnerinnerung	- wahnhafte Deutung früherer Erlebnisse
wahnhafte Personenverkennung	- Bekannte Personen werden für andere gehalten (Mitpatient als Spitzel)
symbiontischer Wahn (folie à deux)	- Wahn einer Bezugsperson wird übernommen; verschwindet nach Trennung der beiden meist
Wahnarbeit	- Prozess der Ausgestaltung und Verknüpfung verschiedener Wahninhalte
Erklärungswahn	- rationaler Erklärungsversuch für psychotisches Erleben (Wahn, Halluzinationen)
Wahnsystem	- geschlossenes und in sich subjektiv stimmiges Ergebnis der Wahnarbeit

Wahnthemen

Wahnerlebnisse sind nicht auf bestimmte Inhalte begrenzt. Jeder mögliche Denk- oder Wahrnehmungsinhalt kann zum Wahn werden. Die folgenden Beispiele sind daher nur als Auswahl zu sehen.

Wahnthema	Erscheinungsbild
(sensitiver) Beziehungswahn	- Alles scheint sich nur für den Patienten zu ereignen
Beeinträchtigungs-wahn	- Alles scheint sich gegen den Patienten zu richten
Verfolgungswahn	- gesteigerter Beeinträchtigungswahn - "Man trachtet mir nach dem Leben"
Vergiftungswahn	- Sonderform des Verfolgungswahns
Eifersuchtswahn	- Überzeugung, die Partnerin sei untreu; meist bei Männern
Liebeswahn	- Überzeugung , von einem bestimmten Menschen geliebt zu werden; - meist bei Frauen
Größenwahn	- Überschätzung der eigenen Bedeutung oder Fähigkeiten (Reichtum, Berufung, Abstammung)
Nihilistischer Wahn	- Aussichts-, Hoffnungslosigkeit
Versündigungswahn (Schuldwahn)	- Gefühl, nichts geleistet zu haben, enorme Versäumnisse zu haben
Dermatozoenwahn	- Überzeugung, kleine Tiere oder Erreger seien unter der Haut

2.4 Übungseinheit

Lesen Sie die Beispiele aufmerksam durch und notieren Sie auf dem Seitenrand die geschilderten Symptome. Vergleichen Sie Ihre Lösungen anschließend mit unseren Vorschlägen!

Beispiel 1:
„Meine Nachbarn wollen mich vergiften. Ich weiß, dass sie mir etwas in den Garten gießen. Ein Gift, es ist farblos. Ich rieche es aber. Der ganze Salat im Garten riecht danach."

Beispiel 2:
„Ich kann mich kaum konzentrieren. Jeder Gedanke ist mühsam. Ich muss mich richtig anstrengen, um einen Gedanken weiter zu denken. Es fühlt sich so zäh an."

Beispiel 3:
„Ich verstehe das nicht. Ganz plötzlich sind meine Gedanken weg. Ich denke und plötzlich bricht es ab. Der Gedanke ist verschwunden."

Beispiel 4:
„Heute umgehen plötzlich am Hexenquadrat. Muss futquetschen abnormal. Sicherlich Neumond gobnurad."

Beispiel 5:
„Mein Mann wurde gestern ins Krankenhaus gebracht. Er war völlig aufgeregt, hat nur noch durcheinander geredet. Niemand konnte verstehen, was er sagen wollte. Die Worte waren klar und deutlich zu verstehen. Aber irgendwie gab alles keinen Zusammenhang mehr."

Beispiel 6:

„Ich habe so ein Gefühl. Ich weiß, es wird etwas passieren. Spüren Sie es nicht? Ich kann es fühlen. Etwas Furchtbares bahnt sich an."

Beispiel 7:

„Immer, wenn ich aus dem Haus gehen will, ist es wieder da. Ich denke, ich könnte den Herd angelassen haben. Ich sehe nach und er ist ausgeschaltet. Kaum bin ich an der Tür, geht es wieder los. Ich muss wieder nachsehen, obwohl ich weiß, dass ich es bereits kontrolliert habe."

Beispiel 8:

„Diese Gedanken lassen mich nicht los. Schon kurz nach dem Frühstück überlege ich, wie ich wohl alles schaffen soll, jetzt so alleine. Ich kann mich kaum ablenken. Immer wieder plagen mich diese Sorgen. Ich sitze dann stundenlang da und denke, wie es wohl weitergeht. Immer und immer wieder."

Beispiel 9:

„Meine Mutter ist 75 und seit einem halben Jahr wegen Depressionen in Behandlung. Immer wieder sagt sie, sie hätte alles falsch gemacht, sei keine gute Mutter gewesen und es wäre besser für uns, wenn sie tot wäre. Sie denkt, sie hätte uns Kindern das Leben zerstört. Dabei war sie immer eine gute Mutter und es geht uns allen sehr gut."

3 Wahrnehmung, Entfremdungen, Ich-Erleben

3.1 Wahrnehmungsstörungen

Definition

Wahrnehmungsstörungen bestehen in Beeinträchtigungen der Aufnahme und Verarbeitung von Sinnesreizen. Grundsätzlich gibt es zwei verschiedene Möglichkeiten des Zustandekommens. Die Sinnesorgane können durch eine vorübergehende oder bleibende Schädigung eine korrekte Wahrnehmung behindern oder die Auffassung und Interpretation der Wahrnehmung ist gestört. Wahrnehmungen sind immer auch von Affekten, Erfahrungen und von Lernprozessen abhängig. Man unterscheidet Halluzinationen und den Halluzinationen nahe stehende Erlebnisse.

Halluzinationen

Bei einer Halluzination handelt es sich um eine Wahrnehmung, die ohne tatsächlichen Sinnesreiz stattfindet. Es wird beispielsweise eine Person gesehen, die nicht wirklich da ist. Die Einschätzung über die Wirklichkeit der Wahrnehmung kann sehr unterschiedlich sein und reicht von starkem Zweifel bis zur völligen Gewissheit. Beachten Sie hier bitte die Unterscheidung zu Wahn. Beim Wahn liegt eine tatsächliche Wahrnehmung vor, der eine abnorme Bedeutung zugeschrieben wird. Außerdem besteht immer unkorrigierbare subjektive Überzeugung der Wirklichkeit des Erlebten!

Wahnwahrnehmung	Halluzination
Wahrnehmung mit tatsächlichem Sinnesreiz	Wahrnehmung ohne tatsächlichen Sinnesreiz
Gewissheit	Zweifel bis Gewissheit

Halluzinationen können alle Sinnesbereiche betreffen und werden entsprechend begrifflich unterschieden. Die Tabelle zeigt die verschiedenen Formen und Beispielerkrankungen. Dabei sind jeweils typische Erkrankungen genannt. Es können jeweils auch die anderen Halluzinationen auftreten, nur wird das seltener beobachtet!

Form	Beispiele	Erkrankungen
Akustisch	- Akoasmen (Geräusche) - Phoneme (Worte, Sätze) - dialogische Stimmen - imperative Stimmen - kommentierende Stimmen	- Alkoholhalluzinose - Schizophrenie
Optisch	- Photeme (Licht, Blitz) - Gestalten - Szenen	- organ. Psychosen - Delirium tremens - Schizophrenie
Taktil (haptisch)	- Hautempfindungen wie Durchstechen, Anblasen, Bewegtwerden	- organ. Psychosen - Schizophrenie
▪ *Zönästhesien*	- Leibentstellungsgefühl wie mit Gold überzogene Organe, Versteinerung	
▪ *Vestibulär* ▪ *kinästhetisch*	- Gefühl des Schwebens oder Bewegtwerdens	
Leibhalluzination	- Gefühl der Beeinflussung von außen (Bestrahlung, Hypnose)	
Olfaktorisch und gustatorisch	- Geruch und Geschmack	- Epilepsie - Schizophrenie

Den Halluzinationen nahe stehende Erlebnisse

Das Wesen der Halluzinationen besteht darin, dass eine Wahrnehmung ohne tatsächlichen Sinnesreiz stattfindet. Beim Wahn liegt eine Sinnesreizung vor, jedoch wird der Wahrnehmung abnorme Bedeutung mit absoluter Gewissheit beigemessen. Bei Pseudohalluzinationen, illusionären Verkennungen und Pareidolien, die in diesem Abschnitt beschrieben werden, liegt eine tatsächliche Sinnesreizung vor, die Wahrnehmung wird falsch interpretiert, jedoch als unwirklich erkannt. Man spricht daher auch von Trugwahrnehmung.

Trugwahrnehmung	Kennzeichen
Pseudohalluzination	- Sinnestäuschung wird vom Patienten erkannt
Illusion (illusionäre Verkennung)	- Ein Objekt wird wahrgenommen, aber für ein anderes gehalten
Pareidolie	- Tatsächliches Objekt und Illusion stehen nebeneinander

Diese Begriffe werden oft verwechselt. Daher sollen hier Beispiele helfen, die Sie sich für die Prüfung einprägen können. Da diese Phänomene auch im normalpsychischen Bereich bei Übermüdung, Dunkelheit oder angespannter Affektlage vorkommen, haben wir Beispiele aus dem Alltagserleben gewählt: Bei einer Pseudohalluzination glauben wir, eine Stimme gehört zu haben, obwohl niemand zu Hause ist. Eine illusionäre Verkennung liegt vor, wenn wir den Mantel an der Garderobe im Dunkeln für eine Gestalt halten. Wenn wir Figuren oder Gesichter in Wolken erkennen, ist das eine Pareidolie; wir sehen beides, Wolke und Gesicht.

3.2 Entfremdungserleben und Ich-Störungen

Definition

Ich-Störungen bestehen in seelischen Vorgängen und Erlebnissen, die als fremd und nicht zur eigenen Person gehörig erlebt werden. Sie haben den subjektiven Charakter des von außen Gemachten. So genannte Entfremdungserlebnisse werden meist auch zu den Ich-Störungen gezählt. Genau genommen sind es Übergänge zu den Ich-Störungen, da bei den Entfremdungserlebnissen die Meinhaftigkeit erhalten sein kann.

Entfremdungserlebnisse und Ich-Störungen

Bei den Entfremdungen bleibt die Meinhaftigkeit meist zumindest teilweise erhalten.

Entfremdungserlebnis	Kennzeichen
Depersonalisation	- Teile des Ichs oder des Körpers werden als fremd erlebt
Derealisation	- Die Umwelt scheint fremd oder verändert
Gedankenausbreitung	- Gefühl, Gedanken könnten von anderen gelesen werden
Gedankenlautwerden	- Gefühl, Gedanken könnten von anderen gehört werden
Meinhaftigkeit kann erhalten sein!	

Beim Gedankenlautwerden hört der Betroffene die eigenen Gedanken, was ihn dazu veranlasst, zu glauben, dass auch andere das könnten. Genau genommen liegt hier eine Wahrnehmungsstörung in Form einer akustischen Halluzination vor. Da aber die Grenze zwischen Ich und Umwelt sich auflöst, ebenso bei der Gedankenausbreitung, zählt man diese Störungen auch zu den Entfremdungen oder zu den Ich-Störungen. Als Ich-Störung bezeichnet man solche Phänomen, wenn die Meinhaftigkeit schwer gestört ist, der Betroffene also davon ausgeht, dass er fremdbeeinflusst wird.

Bei den folgenden Ich-Störungen ist die Meinhaftigkeit schwer gestört, hier besteht der Charakter des von außen Gemachten mit subjektiver Überzeugung des Patienten. Entsprechend werden sie als Ich-Störungen bezeichnet.

Ich-Störung	Kennzeichen
Gedankenentzug	- Gefühl, die Gedanken würden von außen weggenommen
Gedankeneingebung	- Gefühl, die Gedanken würden von außen in den Kopf gegeben
Willensbeeinflussung	- Gefühl, eigene Handlungen würden von außen gesteuert
Meinhaftigkeit schwer gestört!	

Vorkommen

Entfremdungen können auch im normalpsychischen Bereich vorkommen, z. B. bei Übermüdung, Stress oder Trauersituationen. Geht die Meinhaftigkeit verloren, so liegt immer eine bedenkliche Ich-Störung vor, die auf manifeste psychische Erkrankungen hinweist. Typisch sind Ich-Störungen für Schizophrenie. Das alleinige Vorliegen einer Ich-Störung rechtfertigt jedoch noch nicht diese Diagnose.

3.3 Übungseinheit

Lesen Sie die Beispiele aufmerksam durch und notieren Sie auf dem Seitenrand die geschilderten Symptome. Vergleichen Sie Ihre Lösungen anschließend mit unseren Vorschlägen!

Beispiel 1:
„Plötzlich sind da diese Schatten an der Wand. Ich sehe sie, sie bewegen sich hin und her. Wie Flecken, die sich langsam ausbreiten."

Beispiel 2:
„Gestern war ich in der Stadt. Alle Leute haben mich angestarrt. Sie kannten meine Gedanken. Alle wussten, was ich denke. Ich habe versucht, wegzulaufen. Aber es hat nicht aufgehört."

Beispiel 3:
„Ich werde von Strahlen gelenkt. Sie steuern mich wie eine Maschine. Es sind meine Nachbarn. Sie haben einen Apparat in der Wohnung, mit dem sie das machen. Ich weiß es genau. Sie lenken mich."

Beispiel 4:
„Sehen Sie das Gesicht dort im Teppichmuster. Es ist ein Dämon, der darin wohnt. Er versteckt sich, aber ich sehe ihn."

Beispiel 5:
„Abends, wenn es dunkel wird, kommt diese Angst. Ich sehe plötzlich Gestalten, ganz kurz. Dann denke ich, ich habe mich geirrt. Es ist wie eine Täuschung. Ich sehe etwas, dann ist es weg. Seltsam ..."

Beispiel 6:
„Es fühlt sich dann an, als würde ein Staubsauger an meinem Kopf angesetzt und meine Gedanken würden damit abgesaugt. Irgendwie machen die das."

Beispiel 7:
„Ich war völlig im Stress. Seit Tagen hatte ich nicht richtig geschlafen. Plötzlich war es, als stünde ich neben mir und könnte alles beobachten. Ich hörte die anderen nur noch wie von weitem sprechen."

Beispiel 8:
„Ich kann sie nicht sehen. Aber sie reden mit mir. Sie beschimpfen mich manchmal, sagen mir, was ich tun soll. Ich sage, sie sollen still sein, aber sie machen einfach weiter."

Beispiel 9:
„Ich weiß, dass sie mich hier in der Klinik töten wollen. Ich bin ihnen zu gefährlich, sie müssen mich beseitigen. Sie vergiften mir das Essen. Ganz langsam, damit es keiner merkt. Ich schmecke das Gift. Ich kann es genau schmecken."

Beispiel 10:
„Und plötzlich hörte ich meine eigenen Gedanken. Ich dachte, das kann nicht sein. Meine Gedanken gehören mir. Doch ich konnte es nicht stoppen. Sie waren zu hören."

4 Affektivität und Antrieb

4.1 Affektivitätsstörungen

Definition

Beeinträchtigungen des Gefühlslebens hinsichtlich Grundstimmung, Intensität, Ansprechbarkeit und Dauer werden Affektivitätsstörungen genannt. Die Stimmungslage im Augenblick wird Affekt genannt. Achten Sie bitte darauf, Affektivität nicht mit Antrieb zu verwechseln.

Affektivitätsstörung	Kennzeichen
Affektlabilität	- Instabilität der Gefühlswelt
Parathymie (inadäquater Affekt)	- Erleben und Äußerung passen nicht zusammen (Lachen bei Trauer)
Affektinkontinenz	- mangelnde Gefühlsbeherrschung
Affektstarre	- Verharren in der Gefühlslage
Affektarmut Gefühl der Gefühllosigkeit	- mangelnde Gefühlsmodulation - leidvoller Mitgefühlsverlust
Ambivalenz	- widersprüchliche Gefühle gleichzeitig
Dysphorie Deprimiertheit Vitalgefühlsstörung	- missmutige Stimmung - Niedergeschlagenheit - mangelnde Frische; Traurigkeit
läppischer Affekt	- alberne Heiterkeit
Euphorie	- unangemessene Hochstimmung

Vorkommen

Affektivitätsstörungen kommen bei organischen, affektiven und schizophrenen Psychosen vor.

4.2 Antriebsstörungen

Definition

Beeinträchtigungen der Energie, Initiative sowie der Aktivität werden Antriebsstörungen oder auch psychomotorische Störungen genannt.

Antriebsstörung	Kennzeichen
Antriebsarmut	- spärliche spontane Motorik
Antriebshemmung Stupor	- gebremstes Gefühl - motorische Regungslosigkeit
Antriebssteigerung motorische Unruhe	- erhöhte Aktivität - ziellose Aktivität bis zur Tobsucht
Automatismen	- Aktivitäten, die als automatisch erlebt werden (wie ein Roboter)
▪ *Befehlsautomatie* ▪ *Negativismus* ▪ *Echolalie* ▪ *Echopraxie*	- Patient befolgt stur alle Befehle - Patient macht immer das Gegenteil - Patient spricht alles nach - Patient macht alles nach
Stereotypien	- sture Wiederholungen
Mutismus	- Wortkargheit bis Nichtsprechen
Logorrhö	- übermäßiger Rededrang
Paramimie	- Mimik und Affekt sind gegenteilig

Vorkommen

Antriebsstörungen kommen bei organischen, affektiven und schizophrenen Psychosen vor.

4.3 Übungseinheit

Lesen Sie die Beispiele aufmerksam durch und notieren Sie auf dem Seitenrand die geschilderten Symptome. Vergleichen Sie Ihre Lösungen anschließend mit unseren Vorschlähen!

Beispiel 1:
„Im Großen und Ganzen geht es mir gut. Ich habe eine Arbeitsstelle und eine kleine Wohnung. Ich habe alles, was ich brauche. Aber viel erreicht habe ich nicht gerade. Und ich denke, es wird wohl keine große Veränderung mehr geben. Ich bleibe wohl alleine bis an mein Lebensende."

Beispiel 2:
„Ich kann mich über nichts mehr wirklich freuen. Manchmal, wenn die Kinder zu Besuch sind, ist es ganz schön. Dann geht es mir für einige Minuten gut. Aber sofort bricht wieder dieses dumpfe Gefühl durch. Ich bin einfach müde und fertig."

Beispiel 3:
„Meine Tochter ist jetzt fünf Jahre alt und lebt bei ihrer Mutter. Wir haben uns vor einigen Jahren voneinander getrennt. Sie verhält sich seit kurzem ganz merkwürdig. Seit einigen Tagen spricht sie nichts mehr. Sie ist einfach still, spricht nur noch mit meiner Frau. Mit den Erzieherinnen im Kindergarten redet sie einfach nicht mehr, sonst auch nicht."

Beispiel 4:
„Immer wieder muss ich weinen, auch ohne direkten Anlass. Ich werde traurig, kann nicht damit aufhören."

Beispiel 5:

„Alles ist so farblos und grau um mich herum. Ich weiß nicht, was noch werden soll. Nichts mehr macht Sinn. Was soll ich noch hier? Selbst meine Kinder interessieren mich nicht mehr. Wenn sie mich besuchen, bin ich froh, wenn sie wieder weg sind. Ich komme mir vor wie ein Fremder unter fremden Menschen."

Beispiel 6:

„Gestern wurde mein Mann vom Notarzt ins Krankenhaus gebracht. Seit Wochen schon war er gereizt und manchmal richtig aggressiv. Er plante soviel Neues und konnte nicht verstehen, dass ich ihn bremsen wollte. Er war dann zuerst aufgeregt und hat sich schließlich nicht mehr bewegt. Wie starr ..."

Beispiel 7:

„Ich wache morgens auf und sollte eigentlich aufstehen. Ich schaffe es aber kaum aus dem Bett. Es fällt mir unglaublich schwer, dann aufzustehen. Ich muss mich richtig schwer aufraffen. Dann geht es den ganzen Tag so weiter."

Beispiel 8:

Ein Klient schildert traurige Erlebnisse und gibt an, dass die Erinnerung daran, ihn völlig fertig mache. Dabei zeigt er keine Mimik, die zu seiner Erlebnisschilderung passt, sondern lächelt freundlich.

5 Symptome, Symptome ...

5.1 Die Vielfalt der Symptome

Beim Vorliegen psychischer Störungen geht es meistens um Syndrome, also ein Zusammenvorkommen mehrerer typischer Symptome, die gemeinsam das Krankheitsbild gestalten. Selbst bei Störungen, die durch ein einziges durchgängiges Symptom gekennzeichnet sind, kommen immer weitere, wenn auch weniger bedeutende Auffälligkeiten vor.

Bei der Anamnese und der anschließenden Befunderstellung sowie beim Festlegen auf eine Diagnose geht es daher darum, möglichst alle auffälligen Symptome herauszufinden und zu benennen. Bei der Bearbeitung von Fallbeispielen in der mündlichen Überprüfung der Heilpraktiker für Psychotherapie wird meist eine Fallschilderung vorgelesen und zum nochmaligen Durchsehen an den Anwärter ausgehändigt. Nun gilt es, die beschriebenen Symptome aufzufinden und richtig zu benennen, um eine Diagnose vorschlagen zu können. Manchmal fehlen auch wichtige Symptome, die dann mit Anamnesefragen erhoben werden sollen.

Bevor wir uns aber mit der Diagnosestellung befassen, soll es im fünften Kapitel noch einmal um die Symptome gehen. Bisher haben wir nur Beispiele im Zusammenhang mit den Phänomenbereichen der jeweiligen Kapitel bearbeitet. Nun werden die Fallschilderungen etwas länger und sie enthalten Symptome aus verschiedenen Bereichen. Sie können auf den folgenden Seiten also noch einmal das Aufspüren von Symptomen und das richtige Benennen einüben. In den bisherigen Beispielen haben wir jeweils ein oder zwei typische Symptome beschrieben. Nun werden die Schilderungen etwas länger und ausführlicher, sodass mehrere Symptome, auch aus verschiedenen Phänomenbereichen, in einem Beispiel vorkommen können.

5.2 Übungseinheit

Lesen Sie die Beispiele aufmerksam durch und notieren Sie auf dem Seitenrand die geschilderten Symptome. Vergleichen Sie Ihre Lösungen anschließend mit unseren Vorschlägen!

Beispiel 1:
„Seit Wochen schon habe ich das Gefühl, dass sich etwas verändert hatte. Ich spürte, dass ich mich verwandle. Ich wusste genau, es würde etwas Besonderes passieren. Es war ganz klar, es musste so kommen. Dann hat es allmählich angefangen. Es macht ‚Klick' und ich bin intelligenter. Und gestern wusste ich genau, der Tag ist ganz nahe. Und dann in der Stadt haben Passanten mir zugenickt. Sie wussten es auch. Dann habe ich wie immer die Nachrichten um acht Uhr gesehen. Und endlich kam es. Der Sprecher hat kurz mit den Augen gezwinkert. Er weiß es! Und jetzt wissen es alle! ..."

Beispiel 2:
„Mein Vater ist jetzt in der Klinik. Er hatte schon lange nachgelassen. Ich meine, seine Energie war einfach nicht mehr wie früher. Er war immer so sportlich. Aber dann wirkte er träge und immer sehr müde, obwohl er eigentlich keine großen Belastungen mehr hat. Es war mir aufgefallen, dass er viel langsamer sprach als vorher. Er sagte, es falle ihm so schwer. Er könne nicht einmal fließend denken. Nachdenken wäre wie gegen einen Sturm anzukämpfen. Jetzt ist er im Krankenhaus und klagt sich selbst an, er wäre ein Versager."

Beispiel 3:
„Mein Mann ist so vergesslich geworden. Abmachungen hält er nur noch selten ein, weil er einfach nicht mehr daran denkt. Es fällt ihm schwer, sich alles zu merken. Er macht sich Notizen aber verlegt die Zettel wieder. An früher erinnert er sich noch gut, Gott sei Dank! Er bleibt immer öfter zu Hause, geht kaum noch vor die Tür. Nur manchmal kann er sich aufraffen und wir gehen spazieren. Es gibt Tage, an denen er ganz munter ist. Aber immer öfter sitzt er nur da und starrt vor sich hin. Er bläst Trübsal und es ändert sich nur sehr langsam, egal was passiert."

Beispiel 4:
„Alles hat sehr schnell angefangen. Mein Mann hatte plötzlich neue Ideen. Er redete unaufhörlich und sprudelte geradezu über vor Plänen. Er konnte kaum etwas zu Ende erzählen, da begann er schon wieder etwas Neues. Er hatte einfach gekündigt, sagte, niemand erkenne sein Potenzial. Er selbst war kaum zu bremsen. Er sagte, es gehe ihm gut wie nie zuvor. Er wolle etwas ganz Neues machen, viel Geld verdienen. Dann kamen jeden Tag Pakete ins Haus. Er bestellte lauter unsinniges Zeug, war wie besessen. Er sprach nur noch von seinem baldigen Erfolg und gab das ganze Geld aus."

6 Demenz, Delir, Halluzinose, Pseudodemenz

6.1 Akute organische Psychosyndrome

Einführung

Als organische Psychosen werden psychische Störungen bezeichnet, die aufgrund einer nachweisbaren körperlichen Schädigung bzw. einer körperlichen Erkrankung entstehen. Zu ihnen gehören akute Syndrome, die im Zuge zeitlich begrenzter körperlicher Erkrankungen entstehen und chronische Syndrome, die durch anhaltende Körperschädigungen dauerhaft verbleiben. Wir betrachten im sechsten Kapitel die wichtigsten Störungsbilder dieser Gruppen: Delir, Durchgangssyndrome, Halluzinosen, Korsakow-Syndrom und Demenz. Außerdem beschäftigen wir uns hier mit der endogenen Depression. Diese hat keine körperlichen Ursachen sondern gilt als weitgehend anlagebedingt. Allerdings spielt die Differenzialdiagnose zwischen Demenz und Depression eine bedeutende Rolle. Hierbei werden in der Praxis häufig Fehler gemacht, weil beide Zustandsbilder gerade im fortgeschrittenen Alter ähnlich aussehen können.

Delir

Alle Syndrome, die mit dem Leitsymptom der Bewusstseinseintrübung einhergehen und im Zuge körperlicher Erkrankungen auftreten, werden als Delir bezeichnet. Traditionell galt dieser Begriff nur für solche Erscheinungsformen, die von optischen Täuschungen, Situationsverkennungen und gestörtem Realitätsbezug gekennzeichnet waren. Um diesen Zustand zu beschreiben, wird heute häufig vom Vollbild des Delirs oder vom klassischen Delir gesprochen. Tatsächlich kann die Symptomatik vielgestaltig sein. Es müssen nicht immer alle Symptome auftreten. Ein typisches Symptom kann immer auch andere Ursachen haben. Akustische Halluzinationen sind beispielsweise eher untypisch, können jedoch auch beim Delir vorkommen. Das Delir kommt bei zahlreichen körperlichen Störungen infrage. Besonders typisch ist es jedoch als Alkoholentzugsdelir und kommt in diesem Zusammenhang häufig in der Überprüfung vor. Nachträglich lassen sich übrigens alle ausgeprägten Delirien an der charakteristischen partiellen oder totalen Amnesie erkennen!

Nachfolgend sind die Symptome eines ausgeprägten Delirs aufgelistet. Es müssen jedoch nicht alle vorliegen, damit die Diagnose gestellt werden kann.

Symptomatik des Delirs

- plötzlicher Beginn mit einer körperlichen Erkrankung
- illusionäre Verkennungen
- optische Halluzinationen (Krabbeltiere)
- Orientierungsstörungen
- Aufmerksamkeitsstörungen
- gestörtes Kurzzeitgedächtnis
- Antriebsstörungen (lethargisch bis hyperaktiv)
- Nesteln, Fadenziehen
- erhöhte Suggestibilität, Ablenkbarkeit
- Furcht und Angst
- Tachykardie (Herzrasen)
- Blässe, Erröten, Schwitzen, Erbrechen
- Störungen des Schlaf-Wach-Rhythmus
- schwankende Symptomatik
- partielle Amnesie für den Zeitraum des organischen Psychosyndroms

---

Durchgangssyndrome

Alle Syndrome, die sich im Zuge körperlicher Grunderkrankungen zeigen, ohne Bewusstseinsstörungen einhergehen und bei Ausheilung der körperlichen Erkrankung in der Regel reversibel sind, werden als Durchgangssyndrome bezeichnet. Sie dauern meist nur einige Tage an. Das akute Korsakow-Syndrom kommt als solches Durchgangssyndrom vor, ebenso können Halluzinosen als Durchgangssyndrome auftreten. Außerdem gibt es eine Reihe verschiedener Erscheinungsformen mit affektiven Symptomen oder paranoid-halluzinatorischen Erscheinungen. Da die paranoid-halluzinatorische Form sehr dem

Erscheinungsbild einer Schizophrenie ähnelt, wird diese auch symptomatische Schizophrenie genannt. Typischerweise folgt ein Durchgangssyndrom in der Phase der Genesung von der körperlichen Erkrankung auf ein delirantes Syndrom. Das delirante Syndrom kann jedoch auch von einem Durchgangssyndrom eingeleitet werden.

Akutes Korsakow-Syndrom

Das Korsakow-Syndrom kann in akuter Form auftreten, ist jedoch auch als chronische Form nach langjährigem Alkoholmissbrauch bekannt. In der chronischen Form ist es irreversibel. Mann nennt es auch amnestisches Syndrom, da die Gedächtnisstörung im Vordergrund steht. Es liegt keine Bewusstseinseintrübung vor (Unterscheidung zu Delir!) und keine intellektuelle Störung (Unterscheidung zu Demenz!). Beim Korsakow-Syndrom zeigt sich eine typische Symptomtrias aus Merkschwäche (Sekundengedächtnis), Konfabulationen (Auffüllen von Erinnerungslücken durch für Erinnerungen gehaltene Phantasien) und Orientierungsstörungen, die alle Bereiche betreffen können.

Organische Halluzinosen

Bei organischen Halluzinosen stehen Wahrnehmungsstörungen in Form von vielgestaltigen Halluzinationen im Vordergrund der Symptomatik. Teilweise kommt es auch bei diesen Störungen zu Wahnerleben. Im Gegensatz zu deliranten Syndromen ist das Bewusstsein hier jedoch nicht beeinträchtigt. Der Realitätsbezug bleibt bei Halluzinosen häufig gut erhalten. Die Halluzinationen können alle Sinnesbereiche betreffen. Optische Halluzinationen kommen gehäuft bei Migräne, Epilepsie, Hirntumoren und zerebrovaskulären Erkrankungen vor. Bei der Alkoholhalluzinose treten typischerweise akustische Halluzinationen in Form von Stimmen mit beschimpfendem Charakter auf. Alkoholhalluzinose tritt bei langjährigem, chronischem Alkoholismus auf.

Differenzialdiagnose Alkoholentzugsdelir vs. Alkoholhalluzinose

Die Unterscheidung eines Alkoholentzugsdelirs von einer alkoholbedingten Halluzinose ist in der Praxis vergleichsweise einfach. In der Überprüfung der Heilpraktikeranwärter (Psychotherapie) werden jedoch meist einzelne Symptome herausgepickt und als Auswahlantworten im schriftlichen Teil angeboten. Hier kommt es erfahrungsgemäß zu vielen Fehlern, die jedoch vermeidbar sind.

Die folgende Tabelle zeigt die Kriterien zur Unterscheidung eines Alkoholentzugsdelirs von einer alkoholbedingten Halluzinose.

Alkohol(entzugs)delir	Alkoholhalluzinose
- häufig	- selten
- 3 - 7 Tage	- wenige Wochen bis Monate - chronischer Verlauf möglich
- Bewusstseinsstörung	- klares Bewusstsein
- zeitliche, örtliche, situative Desorientiertheit	- klare Orientierung
- optische Halluzinationen, illusionäre Verkennungen	- akustische Halluzinationen - oft wahnhaft interpretiert
- gesteigerte Suggestibilität	- unauffällige Suggestibilität
- Schwanken zwischen Angst und Euphorie	- depressiv-ängstlich - Panik
- Unruhe, Nesteln, Agitiertheit	- keine psychomotorischen Auffälligkeiten
- Tachykardie - Fieber - Schlafstörungen - Erbrechen, Durchfall - Blutdruckkrisen, Schwitzen - Tremor	- allenfalls unbedeutende vegetative und neurologische Symptome

Bei den Wahrnehmungsstörungen der Alkoholhalluzinose handelt es sich überwiegend um kommentierende Stimmen, die den Betroffenen beleidigen. Die Halluzinationen werden häufig als unwirklich erkannt.

6.2 Demenz

Einführung

Bei den Demenzen (demenzielle Syndrome) ist die intellektuelle Leistungsfähigkeit hauptbetroffen. Sie ist eingeschränkt und geht im Zuge des chronischen Verlaufes in den meisten Fällen immer weiter verloren. Die bekannteste und gleichzeitig häufigste Form ist die Alzheimerdemenz. Demenzen sind meistens Erkrankungen des Alters. Typisch für chronische organische Syndrome sind das allmähliche Auftreten, das langsame Voranschreiten und ein Verlauf mit nur wenig Besserungsaussicht trotz gelegentlicher Stillstände. Die genannten Faktoren unterscheiden sich als Abgrenzungskriterien von den akuten Syndromen, die plötzlich einsetzen, Tage bis maximal Monate dauern und deutlich abklingen. Chronische organische Psychosyndrome verlaufen meist über sehr viele Jahre hinweg.

Symptomatik

Beim Gedächtnis gehen zunächst neuere Inhalte (Kurzzeitgedächtnis) verloren, im späteren Verlauf auch Langzeiterinnerungen. In schweren Fällen kann das Gedächtnis völlig verloren gehen. Weitere Kennzeichen einer Demenz sind die eingeschränkte Auffassungsfähigkeit und Denkstörungen in Form von eingeengtem Denken und Haften an einzelnen Themen (Perseveration). Mit fortschreitender Erkrankung kommt es außerdem zu Orientierungsstörungen. Diese betreffen im Verlauf der Demenz alle Bereiche, wobei die Orientierung zur eigenen Person in der Regel am längsten erhalten bleibt. Häufig kommt eine depressive Begleitsymptomatik hinzu. Im Verlauf einer demenziellen Erkrankung ist zudem mit psychomotorischen und neurologischen Ausfällen zu rechnen und mit Veränderungen im Sozialverhalten.

Die Übersicht auf der nächsten Seite zeigt die typischen Demenzsymptome. Als Heilpraktiker für Psychotherapie müssen Sie nicht die Ursache einer Demenz feststellen können. Bei Verdacht auf das Vorliegen einer demenziellen Entwicklung, geben Sie ab an einen Arzt.

Symptomatik der Demenzen

- schleichender Beginn
- langsamer, meist progredienter Verlauf
- typische Symptome für mehr als 6 Monate
- Wortfindungsstörungen, Aufmerksamkeitsdefizite und Gereiztheit als Frühsymptome
- Erinnerungslücken, Störungen des Kurzzeitgedächtnis
- langsames, eingeengtes Denken
- Antriebsarmut
- depressive Begleitsymptomatik
- fortschreitender Gedächtnisverlust
- Orientierungsstörungen im späteren Verlauf
- häufig Gangunsicherheiten, Tremor

häufige neurologische Ausfälle im Verlauf

- Aphasie (Wortfindungsstörungen)
- Agnosie (Nichterkennen von Personen)
- Apraxie (Störung komplexer Handlungen)
- Ataxie (Störung der Bewegungskoordination)
- Alexie (Lesestörung)
- Agraphie (Schreibstörungen)
- Akalkulie (Rechenstörungen)

In sehr vielen Fällen, gerade bei degenerativen Hirnerkrankungen wie Alzheimer, bei der das Gehirn und seine Leistungsfähigkeit immer stärker beeinträchtigt werden, sterben die Patienten völlig hilflos, da Gedächtnis und Orientierung kaum noch vorhanden sind und keine eigenständigen Handlungen mehr möglich sind.

Differenzialdiagnose Demenz vs. Delir

Die Differenzialdiagnose von Demenz und Delir ist ein beliebtes Prüfungsthema in der amtsärztlichen Überprüfung. Die folgende Tabelle enthält die wesentlichen Kriterien.

Delir	Demenz
- plötzlicher Beginn - Zeitpunkt bekannt	- schleichend, Beginn meist nicht bekannt
- akuter Verlauf über Tage bis Wochen (selten länger als 1 Monat)	- chronischer Verlauf über Jahre hinweg, mindestens 6 Monate
- Bewusstseinseintrübung	- klares Bewusstsein
- frühe Orientierungs- störungen	- Orientierungsstörungen im späten Verlauf
- ausgeprägter körperlicher Befund mit starken Schwankungen	- gering ausgeprägter körperlicher Befund mit nur geringen Schwankungen
- ausgeprägte Veränderung der Psychomotorik	- Veränderung der Psychomotorik erst im späten Verlauf

Als zeitliches Abgrenzungskriterium der akuten organischen Psycho-syndrome von den chronischen gilt die 6-Monats-Grenze! Dauert eine Symptomatik länger als sechs Monate an, gilt sie als chronisch. Ein Delir kann in eine Demenz übergehen, wenn sich die Ursache nicht behandeln lässt. Außerdem können Delirien auch bei dementen Patienten auftreten. In diesem Fall wird eine kombinierte Diagnose gestellt.

6.3 Weitere chronische Syndrome

Pseudoneurasthenie

Dieses organische Syndrom in seiner nicht reversiblen Form gehört zu den chronischen Psychosyndromen. Die intellektuelle Leistungsfähigkeit ist hier nur unerheblich beeinträchtigt, daher handelt es sich nicht um eine Demenz. Betroffene geben subjektive Beschwerden über schnelle Ermüdbarkeit und anhaltende Erschöpfung an. Das Syndrom ähnelt der Neurasthenie (neurotische Erschöpfung), allerdings liegt hier eine nachweisbare körperliche Ursache vor.

Organische Wesensänderung

Bei einer organischen Wesens- oder Persönlichkeitsveränderung kommt es zu beobachtbaren Charakterverschiebungen, wobei es sich um ein Nachlassen oder ein Zuspitzen bereits vorhandener Persönlichkeitszüge des Patienten handeln kann oder um die Entwicklung persönlichkeitsfremder Züge bei erhaltenen Gedächtnisfunktionen.

Pseudoneurasthenie

- Konzentrationsstörungen
- schnelle Ermüdbarkeit, anhaltende Erschöpfung
- Affektlabilität, Affektinkontinenz
- Antriebsminderung
- depressive Begleitsymptomatik
- Gereiztheit

Organische Wesensänderung

- emotionale Labilität, Reizbarkeit
- Witzelsucht
- reduzierte Ausdauer und Konzentration
- unangemessene sexuelle Annäherung
- Veränderungen in Sprache und Redefluss

6.4 Depression

Symptomatik

Leitsymptome der Depression sind depressive Verstimmungen, Antriebslosigkeit und Schlafstörungen. Diese Symptomkombination weist auf das Vorliegen einer Depression hin, wobei dann noch nicht klar ist, ob es eine endogene Form ist. Grundsätzlich kommen auch organische Ursachen und Reaktionen auf Lebensumstände infrage.

Häufig werden die Symptome einer Depression von körperlichen Erscheinungen wie Verstopfung (Obstipation), Libidomangel, Druck- und Schweregefühlen in der Brust, in den Beinen oder im Bauch begleitet. Alle Symptome können als leichtere Formen bis hin zu schwersten Formen auftreten. Stimmungsschwankungen reichen von leicht gedrückter Stimmung bis hin zum Gefühl der Gefühllosigkeit, Antriebsstörungen von erhöhtem Bewegungsdrang (Unruhe) bis hin zum depressiven Stupor, bei dem die Patienten nahezu regungslos verharren.

Symptomatik der Depression

Leitsymptome:
- depressive Verstimmung
- Antriebshemmung
- Interessenverlust
- Freudlosigkeit

Weitere häufige Symptome:
- verminderte Konzentration, Aufmerksamkeit
- vermindertes Selbtwertgefühl, Selbstvertrauen
- Schuldgefühle, Gefühl der Wertlosigkeit
- pessimistische Zukunftsperspektive
- erhöhte Suizidalität
- Schlafstörungen
- verminderter Appetit

Je nach Ausprägung der Symptome wird in leichte, mittelgradige und schwere depressive Episode unterschieden. Jeweils kann zusätzlich ein so genanntes somatisches Syndrom vorliegen, das dann ergänzend diagnostiziert wird, z. B. mittelgradige depressive Episode mit somatischem Syndrom. Es ist nur dann zu diagnostizieren, wenn mindestens vier der dort genannten Symptome eindeutig feststellbar sind.

Somatisches Syndrom

- Verlust der Freude an normalerweise angenehmen Tätigkeiten
- mangelnde Fähigkeit, auf freudige Ereignisse zu reagieren
- Früherwachen (2 oder mehr Stunden zu früh)
- Morgentief
- objektiver Befund psychomotorischer Hemmung oder
- Agitiertheit (Unruhe und motorische Steigerung)
- deutlicher Appetitverlust
- mehr als 5 % Gewichtsverlust in einem Monat
- deutlicher Libidoverlust

In der Praxis des Heilpraktikers für Psychotherapie genügt die Verdachtsdiagnose Depression. Klienten mit depressiven Neigungen sind umgehend an einen Arzt zu überweisen, denn manifeste Depressionen bedürfen einer medizinischen Behandlung. Die stark erhöhte Suizidrate gibt zusätzlich Anlass zur besonderen Sorgfalt. Immerhin beenden ca. 15-20 Prozent aller schwer Depressiven ihr Leben durch Selbsttötung. Weitaus mehr Patienten versuchen es zumindest. Die Exploration der Suizidalität spielt daher immer eine bedeutende Rolle, auch bei der Entscheidung darüber, ob möglicherweise eine Zwangseinweisung (Unterbringungsgesetz) vorzunehmen ist.

Gerade im fortgeschrittenen Alter sind Depressionen nicht immer leicht von Demenzen zu unterscheiden, weil sich beide Störungsbilder in ähnlichen Symptomen äußern können. Nicht selten kommt es hier zu Fehldiagnosen und in der Prüfung der Heilpraktiker für Psychotherapie zu Fehlern. Beide Fehleinschätzungen wären fatal. Eine Demenz als Depression zu diagnostizieren, hilft dem Betroffenen ebenso wenig wie die Diagnose Demenz, wenn eigentlich eine Depression für die Symptome sorgt. Diese Möglichkeit der so genannten (depressiven) Pseudodemenz erläutern wir in der folgenden Tabelle.

Demenz	Depressive Pseudodemenz
- langsame Entwicklung, Beginn unbekannt	- rasche Entwicklung, Beginn wird vom Patienten angegeben
- kein frühes Beklagen von Merkstörungen	- frühes Klagen des Patienten über „Gedächtnisverlust"
- ausweichende Antworten	- „Ich weiß nicht"
- „Vertuschen" der Symptome	- Beklagen der Symptome
- konstante Testleistungen (MMST)	- schwankende Testleistungen

6.5 Übungseinheit

Lesen Sie die Beispiele aufmerksam durch und notieren Sie auf dem Seitenrand die Symptome und Ihren Diagnosevorschlag. Vergleichen Sie Ihre Lösungen anschließend mit unseren Vorschlägen!

Beispiel 1:
Eine Klientin erzählt von der Krebsoperation Ihres Mannes, die sehr kompliziert und langwierig gewesen sei. Ihr Mann hätte es im Großen und Ganzen gut überstanden. Nach dem Aufwachen sei er erschöpft aber eigentlich ganz normal gewesen. Einige Stunden später hätte er nur noch durcheinander geredet, sodass sie ihm nicht mehr folgen konnte. Er hätte sie dabei nicht erkannt, sondern für eine Ärztin gehalten und immer wieder gefragt, wo er eigentlich sei und warum er im Bett liege.
Die Klientin berichtet Ihnen sorgenvoll, dass ihr Mann völlig verwirrt und unruhig war, ständig habe er mit den Händen an der Bettdecke gezogen. Die Stationsärztin hätte sofort Notfallmaßnahmen ergriffen. Schon am nächsten Tag sei es nachmittags wieder besser gewesen. Ihr Mann selbst könne sich kaum daran erinnern.
Die Ärzte hätten ihr erklärt, was passiert sei, sie könne es aber nicht verstehen. Daher mache sie sich große Sorgen, dass ihr Mann verrückt werde. Am nächsten Tag habe er von seltsamen Geräuschen in der Nacht erzählt und geglaubt, dass man ihn vergiften wolle. Nach wenigen Tagen sei der ganze „Spuk" vorbei gewesen.

Beispiel 2:

Eine 70-jährige Klientin wendet sich auf Empfehlung einer Bekannten an Sie und stellt sich in Begleitung ihrer Tochter in Ihrer Heilkundepraxis vor. Sie gibt an, Schwierigkeiten mit dem Gedächtnis zu haben. Seit sechs Wochen ungefähr vergesse sie immer wieder Termine, könne sich kaum etwas richtig merken. Sie befürchte, ihr Gedächtnis schrittweise zu verlieren. Sie beobachten die langsamen Bewegungen der Frau und den offensichtlich verzweifelten Gesichtsausdruck. Sie sagt: „Was soll ich denn jetzt machen? Ach Gott, was soll ich nur machen?"

Auf die Frage, wie ihr Tagesablauf aussehe, sagt sie: „Ich weiß nicht. Ich kann es nicht sagen." und fängt plötzlich an zu weinen.

Beispiel 3:

Eine 70-jährige Klientin berichtet von ihrem Sohn, der mit 48 Jahren den Militärdienst verlassen musste, weil seine Alkoholsucht zur Dienstunfähigkeit führte. Vor einigen Wochen sei er entlassen worden und in eine Klinik eingeliefert worden. Immer wieder habe er von seiner Frau gesprochen, dass sie ihn bald besuchen werde, er würde schon auf sie warten. Seine Frau sei bereits vor 20 Jahren verstorben. Die Unterhaltung mit ihm sei sehr schwierig gewesen, weil er sich nichts von dem, was sie sagte, einprägen konnte. Er habe eigentlich körperlich gesund gewirkt, sei ganz klaren Verstandes.

7 Schizophrenie, Manie, Wahnstörungen

7.1 Schizophrenie

Schizophrene Psychosen sind durch grundlegende Störungen des Denkens, der Wahrnehmung und durch inadäquate Affekte gekennzeichnet. Die Störung beeinträchtigt im Wesentlichen die menschliche Fähigkeit, ein Gefühl von Individualität, Einzigartigkeit und Entscheidungsfreiheit zu entfalten. Betroffene fühlen sich auf magisch-mystische Art fremdbeeinflusst, haben das Gefühl, die eigenen Gedanken könnten von anderen Menschen gelesen, gehört oder verändert werden. Dabei kommt es oft zu Erklärungswahn, indem die schizophrene Person sich selbst als Schlüsselfigur allen Geschehens betrachtet und sich durch unheimliche und übernatürliche Kräfte verfolgt sieht. Unbedeutende alltägliche Dinge erlangen plötzlich abnorme und subjektiv besondere Bedeutung.

Neben den Ich-Störungen und den Wahnphänomenen kommen Halluzinationen hinzu. Die häufigste Form ist das Hören von Stimmen (akustische Halluzinationen), die kommentierend, dialogisch oder imperativ sein können. Die Affektlage ist flach und unangepasst. Das emotionale Erleben und die Gefühlsäußerungen passen nicht zueinander (Parathymie). Die Klarheit des Bewusstseins und die intellektuellen Fähigkeiten sind in der Regel nicht beeinträchtigt. Schizophrene sind während der psychotischen Episode genauso intelligent wie vorher, auch Langzeitschäden der Intelligenz stellen sich nicht ein.

Eine Schizophrenie wird nur diagnostiziert, wenn eindeutige schizophrene Symptome für die Dauer von mehr als einem Monat vorliegen. Bei kürzeren Phasen wird zunächst eine schizophreniforme Störung diagnostiziert. Schizophrene halten ihre Wahnvorstellungen für realistische Einschätzungen und die Halluzinationen für tatsächliche Wahrnehmungen. Eine Korrektur der persönlichen Überzeugung von der Realität der Erlebnisse ist nicht möglich. Es besteht subjektive Gewissheit (Wahnkriterium)!

Folgende Übersicht zeigt die Symptomgruppen, die in der ICD-10 der Schizophrenie zugeordnet werden.

Schizophrene Symptome nach ICD-10

1. Gedankenlautwerden, Gedankeneingebung, Gedankenentzug, Gedankenausbreitung
2. Kontrollwahn, Beeinflussungswahn, Gefühl des Gemachten, deutlich bezogen auf Körper- oder Gliederbewegungen oder bestimmte Gedanken, Tätigkeiten, Empfindungen oder Wahrnehmungen
3. Stimmen, die aus einem Teil des Körpers kommen oder die über den Patienten sprechen (kommentierend, dialogisch)
4. Anhaltender bizarrer Wahn, beispielsweise das Wetter kontrollieren zu können oder mit Außerirdischen in Kontakt zu stehen

5. Anhaltende Halluzinationen, begleitet entweder von Wahngedanken oder überwertigen Ideen, täglich über Wochen oder Monate
6. Gedankenabreißen oder Einschübe in den Gedankenablauf, was zu Zerfahrenheit, Neologismen und Danebenreden führt
7. Katatone Symptome (Erregung, Stereotypien, Flexibilitas cerea, Mutismus, Stupor)
8. Negativsymptome, nicht durch Depression oder Medikamente verursacht
9. Eine eindeutige und durchgängige Veränderung des Verhaltens (Ziellosigkeit, Trägheit, sozialer Rückzug)

Zur Diagnosestellung muss für die Dauer eines Monats (!) mindestens ein eindeutiges Symptom der Gruppen 1-4 vorliegen oder es müssen mindestens zwei Symptome der Gruppen 5-8 vorliegen. Kürzere Episoden werden zunächst als schizophreniforme Störung diagnostiziert.

7.2 Manie

Leitsymptome der Manie sind die inadäquat gehobene Stimmung, Antriebssteigerung, beschleunigtes Denken (Ideenflucht) und Selbstüberschätzung. Die Selbstüberschätzung kann bis zu Größenideen gehen, die Patienten fühlen sich enorm leistungsfähig. Soziale Folgen wie bedenkenloses Geldausgeben, Distanzlosigkeit und Enthemmung, berufliche und soziale Konflikte sind häufig zu beobachten, bei gleichzeitigem Fehlen eines Krankheitsgefühls, was eine Zwangsunterbringung des Erkrankten notwendig machen kann. Eine Manie bedingt in der Regel Schuldunfähigkeit und fehlende Geschäftsfähigkeit (Kaufverträge). Maniker gehen große Risiken im Straßenverkehr ein und neigen zum Abschließen von Verträgen und Einkäufen, die sie aufgrund ihrer finanziellen Lage niemals bezahlen können.

Symptome der Manie

Leitsymptome:
- inadäquat gehobene Stimmung
- Antriebssteigerung
- beschleunigtes Denken, Selbstüberschätzung

Weitere Symptome:
- Euphorie
- Hyperaktivität
- verminderter Schlafdrang
- Irritierbarkeit
- Feindseligkeit
- Wahnideen
- Rededrang (Logorrhö)
- Ideenflucht
- Größenideen
- Alkoholmissbrauch
- Hypersexualität

7.3 Wahnstörungen

Die wahnhafte Störung

Eine wahnhafte Störung liegt vor, wenn der Wahn die wesentliche Symptomatik darstellt, wobei die sonstigen Symptome einer Schizophrenie oder einer affektiven Psychose fehlen. Diese Störungen entstehen wahrscheinlich auf dem Boden einer auffälligen Persönlichkeitsstruktur im Zusammenhang mit Belastungsfaktoren wie soziale Isolierung, Milieuwechsel oder schwere Konfliktlagen. Wahnvorstellungen sind das auffälligste Charakteristikum. Sie müssen mindestens seit drei Monaten bestehen, eindeutig auf die Person bezogen und nicht subkulturell bedingt sein. Depressive Symptome oder Episoden können auftreten. Der Wahn muss jedoch auch nach Abklingen der affektiven Störung andauern. Kommt es zu Stimmenhören und schizophrenen Symptomen in der Vorgeschichte oder liegt eine zerebrale Erkrankung vor, so ist die Diagnose unzulässig. Im ersten Fall handelt es sich dann eher um Schizophrenie, im zweiten um eine organische wahnhafte Störung.

Typische Formen sind die Paranoia, die dem Beziehungswahn des Schizophrenen entspricht und die Eigengeruchsparanoia als wahnhafte Überzeugung von einem unangenehmen Eigengeruch. Außerdem kommen häufig Kontaktmangelparanoia als Überzeugung, im Kontakt mit anderen Menschen nicht gemocht zu werden, und wahnhafte Dysmorphophobie vor. Hierbei liegt der feste Glaube vor, körperlich entstellt oder hässlich zu sein.

Die induzierte Wahnstörung (Folie à deux)

Eine weitere Form des Wahns ist der symbiontische Wahn (Folie-à deux), bei dem die Wahnvorstellung des Primärkranken, der meist an Schizophrenie leidet, vom Lebenspartner kritiklos (aber mit subjektiver Überzeugung) übernommen wird. Man nennt das auch induzierten Wahn. Bei Trennung vom induzierenden Partner verschwinden die Symptome oft. Die Person, die den Wahn der anderen übernimmt, lebt meist in sehr enger Beziehung zu ihr und verhält sich unterwürfig.

7.4 Paranoide und schizoide Persönlichkeit

Paranoide Persönlichkeitsstörung

Die beiden hier vorgestellten Persönlichkeitsstörungen haben nichts mit Schizophrenie oder Wahnstörungen zu tun. Sie sind nicht psychotisch, sondern gehören neben anderen Zustandsbildern zur Gruppe F 6 der ICD-10 (Persönlichkeits- und Verhaltensstörungen). Allerdings gibt es symptomatische Überschneidungen mit schizophrenen Psychosen und damit diagnostisch gesehen Verwechslungsgefahr. Daher besprechen wir diese beiden Persönlichkeitsstörungen in diesem Kapitel.

Bei der paranoiden Persönlichkeitsstörung handelt es sich um die ungerechtfertigte Neigung, in verschiedensten Situationen die Handlungen anderer als absichtlich erniedrigend oder bedrohlich zu interpretieren. Wesentliche Merkmale sind das ausgeprägte Misstrauen, die übertriebene Empfindlichkeit und das rigide, streitsüchtige Beharren auf vermeintlich eigenem Recht.

Symptome der paranoiden Persönlichkeit

1. Übertriebene Empfindlichkeit bei Rückschlägen und Zurücksetzungen
2. Neigung zu ständigem Groll, wegen der Weigerung, Beleidigungen, Verletzungen oder Missachtungen zu verzeihen
3. Misstrauen und eine starke Neigung, Erlebtes zu verdrehen, indem neutrale oder freundliche Handlungen als feindlich oder verächterlich missgedeutet werden
4. Streitsucht und Beharren auf eigenen Rechten
5. Ungerechtfertigtes, häufiges Misstrauen bzgl. der sexuellen Treue des Partners
6. erhöhtes Selbstwertgefühl mit ständiger Selbstbezogenheit
7. Verschwörungsgedanken für nahe und entfernte Ereignisse in aller Welt

---

Schizoide Persönlichkeitsstörung

Bei dieser Symptomatik handelt es sich um ein in verschiedenen Situationen auftretendes durchgängiges Verhaltensmuster, das durch Gleichgültigkeit gegenüber sozialen Beziehungen und eingeschränkte emotionale Erlebnis- und Ausdrucksfähigkeit gekennzeichnet ist. Im Vordergrund stehen Auffälligkeiten im affektiven Bereich. Die Betroffenen sind reserviert, scheu, zurückgezogen und emotional kühl. Das Verhalten ist einzelgängerisch, gesellschaftliche Regeln werden oft nicht anerkannt.

Symptome der schizoiden Persönlichkeit

1. Wenige Tätigkeiten bereiten Freude
2. Emotional kühl, distanziert oder flache Affektivität
3. Geringe Fähigkeit, Gefühle anderen gegenüber auszudrücken
4. Scheinbare Gleichgültigkeit für Lob und Kritik
5. Wenig Interesse an sexuellen Erfahrungen mit anderen
6. Einzelgänger
7. Übermäßige Phantasie
8. Mangel an engen Freunden (oder nur einer) und fehlender Wunsch nach solchen Beziehungen
9. Deutlich mangelnde Sensibilität im Erkennen und Befolgen gesellschaftlicher Regeln

---

Schizoide (F6) und schizotype (F2) Persönlichkeiten

Weder schizotype noch schizoide Persönlichkeiten sind schizophren. Schizotype Persönlichkeiten gleichen den Schizophrenen durch seltsame Überzeugungen und Gedanken, jedoch ohne manifeste produktive Symptomatik. Schizoide sind typische Einzelgänger und gleichen daher in der Beziehungsgestaltung den Schizophrenen.

7.5 Kurze reaktive Psychosen

Akute schizophreniforme Störung

Hierbei handelt es sich um eine akut beginnende Erkrankung mit schizophrener Symptomatik, bei der sich auffallende psychotische Symptome innerhalb von Tagen oder wenigen Wochen nach der ersten bemerkbaren Verhaltensänderung entwickeln. Das klinische Bild der akuten schizophreniformen Störung entspricht weitgehend dem der Schizophrenie, die Symptomatik dauert allerdings weniger als einen Monat. Desorientiertheit oder Ratlosigkeit, abgestumpfter oder flacher Effekt fehlen meist. Die soziale und berufliche Leistungsfähigkeit dieser Patienten ist meist sehr gut.

Akute polymorphe psychotische Störung

Diese Störungen sind vielgestaltig mit wechselnder Symptomatik. Halluzinationen, Wahnphänomene und Wahrnehmungsstörungen sind vorhanden, aber sehr unterschiedlich ausgeprägt und können von Tag zu Tag oder Stunde zu Stunde wechseln. Typisch sind der abrupte Beginn innerhalb von 48 Stunden und eine rasche Rückbildung der Symptome. Affektive oder psychotische Symptome stehen zeitweise im Vordergrund.

Kurze reaktive Psychose

Symptome wie Wahn, Halluzinationen oder Ich-Störungen werden durch schwere Traumatisierungen (z.B. Katastrophen, Haft, schwere Verlusterlebnisse) ausgelöst. Sie haben einen akuten Verlauf und klingen schnell wieder ab. Die Zeit zwischen dem traumatisierenden Ereignis und dem Auftreten der Psychose beträgt meist wenige Tage. Der Wahninhalt bezieht sich oft auf dieses Ereignis.

Wochenbettpsychose

Bei den Wochenbettpsychosen handelt es sich um psychotische Störungen, die in einem zeitlichen Zusammenhang mit dem Wochenbett auftreten. Sie werden auch Puerperal- oder Post-partum-Psychosen genannt. Vermutlich haben hormonelle Umstellungen und situative Belastungen damit zu tun. Meistens handelt es sich um Psychosen mit depressiver, schizoaffektiver oder schizophrener Symptomatik.

7.6 Übungseinheit

Lesen Sie die Beispiele aufmerksam durch und notieren Sie auf dem Seitenrand die Symptome und Ihren Diagnosevorschlag. Vergleichen Sie Ihre Lösungen anschließend mit unseren Vorschlägen!

Beispiel 1:
Sie werden von einer Klientin aufgesucht, die seit einiger Zeit wegen zunehmender Beziehungsprobleme in ihrer Ehe Ihre Hilfe in Anspruch nimmt. In der Sitzung berichtet sie: „Heute war es besonders schlimm. Mein Mann hatte schon wieder eine neue Idee, wollte sich ein Schnellboot kaufen. Für Boote hat er sich schon immer begeistert, wollte seit Jahren einmal eine schöne lange Reise damit machen. Nun plötzlich wollte er es kaufen. Wir haben aber kein Geld dafür. Er sprach plötzlich davon, eine Reise zu machen, die niemand sonst schaffen könnte. Nur er sei dazu in der Lage. Es wäre eine Vision, eine große Ankündigung oder so ähnlich. Er hat völlig durcheinander geredet und schien ziemlich aufgeregt. Ich versuchte, ihn zu beruhigen, doch er wurde so wütend, dass er mich bedrohte. Ich würde ihn nicht verstehen und er würde dem ein Ende machen. Als er das Gewehr aus seinem Waffenschrank nahm, hat meine Tochter die Polizei verständigt. Sie waren sehr schnell da und versuchten ihn zu beruhigen, was nicht gelang. Er wurde schließlich von einem Notarzt weggebracht. Es war alles so fremd, so ungewöhnlich. Das ist jetzt einige Stunden her. Ich frage mich, was in ihn gefahren ist ..."

Beispiel 2:

„Vor sechs Monaten hatte ich diesen Unfall. Es war ein sehr schwerer Verkehrsunfall. Sie sagen, ich hätte keine Chance gehabt. Das Auto kam mir plötzlich nachts entgegen. Es war eine Einbahnstraße. Sie waren einfach falsch herum hineingefahren. Es ging so furchtbar schnell, ich konnte kaum nachdenken. Als ich sie sah, war es schon zu spät. Wir sind frontal zusammengestoßen und wie durch ein Wunder ist mir nichts passiert.

Es waren vier junge Leute, sie kamen aus der Disco. Nun ist einer von ihnen tot. Er hat es nicht überlebt, war nicht angeschnallt. Ich denke immer, ich hätte es verhindern können. Vielleicht würde er dann noch leben. Warum lebe ich und er ist tot? Das macht mich völlig fertig. Was hilft es mir, dass alle sagen, ich bin im Recht? Ich habe ihn getötet und er war so jung.

Etwa fünf Tage nach dem Unfall fing es plötzlich an. Ich hörte seine Stimme, die ich eigentlich nicht kannte. Er sagte immer: Du hast mich getötet, du hast mich getötet ... Ich konnte mit niemandem darüber sprechen. Nach einer Woche war es vorbei. Aber ich habe bis heute Angst, dass ich seine Stimmen noch einmal höre. Er ist tot. Das alles kann nicht sein. Es war aber so. Ich denke, ich werde vielleicht verrückt oder ich bin es schon. Denken Sie die Stimmen kommen wieder?"

Beispiel 3:

Ein 25-jähriger Mann stellt sich in Begleitung seiner Mutter in Ihrer Praxis vor. Sie sagt, sie kämen auf Anraten des Betriebsarztes der Firma, für die der Sohn seit kurzem arbeite. Er sei gesund und arbeitstauglich, seine Aufgabe bestehe darin, im Archiv des Unternehmens Akten zu sortieren und in einem neuen EDV-System zu erfassen. Den Vorgesetzten seien gewisse Eigentümlichkeiten aufgefallen. So reagiere ihr Sohn nur sehr wenig auf Kritik und Hinweise der Vorgesetzten und sei insgesamt sehr verschlossen. Mit dem Verdacht auf Drogenkonsum wurde ihm nahe gelegt, den Betriebsarzt aufzusuchen. Drogeneinnahme konnte jedoch ausgeschlossen werden. Die Frau beschreibt ihren Sohn als unauffällig. Er sei schon immer ein Einzelgänger gewesen und sehr still. Der junge Mann selbst gibt im Gespräch an, dass er am liebsten für sich alleine arbeite und seine Ruhe haben wolle. Kollegen würden ihn eher stören. Als Sie nach Hobbys und Freunden fragen, behauptet er, dass er mit Freunden nur sehr wenig anfangen könne und dass Hobbys im Grunde Zeitverschwendung seien. Der junge Mann wohnt bei seiner Mutter und hat bisher keine Ambitionen, eine eigene Wohnung zu beziehen. Eine feste Freundin habe er bisher noch nicht gehabt.

Beispiel 4:

Sie behandeln seit einigen Wochen eine 45-jährige Frau, die sich mit „Depressionen" in Ihrer Praxis vorgestellt hatte, nachdem sie zum vierten Mal innerhalb von zwei Jahren die Arbeitsstelle wechseln musste. In allen vier Fällen sei sie das Opfer eines Mobbings gewesen, nun gehe es ihr sehr schlecht und sie wüsste nicht mehr ein noch aus. In den letzten Sitzungen ist Ihnen aufgefallen, dass die Klientin immer wieder betont hat, sie sei als Opfer geboren und vermute, man wolle ihr auch keine Chance mehr geben. Sie verstehe das nicht, aber im Rückblick erkenne Sie nun, dass sie eigentlich schon als Schülerin schlecht behandelt wurde. Die Lehrer und Schüler hätten sich schon damals gegen sie verschworen, nur hätte sie das nicht bemerkt. Heute sehe sie das ganz klar. Selbst in der eigenen Familie sei das so gewesen, auch da hätte man sie loswerden wollen. Sie sei sich ziemlich sicher, dass sie als kleines Kind adoptiert wurde und deswegen von ihren Eltern nicht geliebt werde. Sie sagt, sie hätte schon über einen Verwandtschaftstest nachgedacht, wisse aber genau, dass „die vom Labor" den Test fälschen würden. Dort säßen auch nur Betrüger und ihr Hausarzt halte sowieso nur den Eltern bei. Er zeige ihnen heimlich ihre Krankenakte. Sie erkenne das an den „Eselsohren" im Papier, das mache ihre Mutter immer so, sie sei sich daher sicher, dass sie die Akte in den Händen hatte ..."

8   Bipolare Störungen, Dysthymia, Zyklothymia

8.1 Bipolare Störungen

Verlaufsformen

Die beiden Ausrichtungen affektiver Erkrankungen, Depression und Manie haben wir bereits besprochen. Tatsächlich kommen beide auch in dieser Form vor. Das bezeichnet man als unipolare oder monopolare Ausrichtung einer affektiven Erkrankung. Bei Depressionen ist das häufig der Fall, wobei eine oder mehrere Episoden auftreten können. Mit einem Anteil von 65 % an der Gesamtzahl affektiver Störungen ist die unipolare Depression die häufigste Form. Bei Manien ist das seltener der Fall. Nur 5 % aller affektiven Erkrankungen verlaufen als unipolare Manien. Der Rest der affektiven Störungen verläuft in der bipolaren Form. Die Erkrankung hat dabei sowohl depressive als auch manische Episoden. Daher werden bipolare Störungen auch manisch-depressive Störungen genannt.

Die bipolaren Verlaufsformen können weiter unterteilt werden, denn es gibt Verläufe, bei denen unmittelbar nach einer Phase der "Normalzustand" erreicht wird und solche, bei denen nach einer Phase ein leichter Gegenausschlag in die entgegengesetzte Richtung erfolgt, bevor der Normalzustand eintritt. Man nennt diese Formen bipolar 1 und bipolar 2. Beim Rapid-Cycling liegen mehr als vier kurze Phasen pro Jahr vor.

Die Symptomatiken der depressiven und der manischen Phase wurden bereits in den vorhergehenden Kapiteln besprochen. Wir listen sie allerdings auf den nächsten Seiten noch einmal überblicksartig auf, damit die Bearbeitung der Fallbeispiele dieses Kapitels kein Zurückblättern erfordert.

Auf der nächsten Seite sind die möglichen Verlaufsformen graphisch als Wellenverläufe dargestellt. Die waagerechte Linie zeigt dabei den gesunden Stimmungszustand an. Nach oben gehende Wellen zeigen gehobene und nach unten gehende Wellen gedrückte Stimmung an.

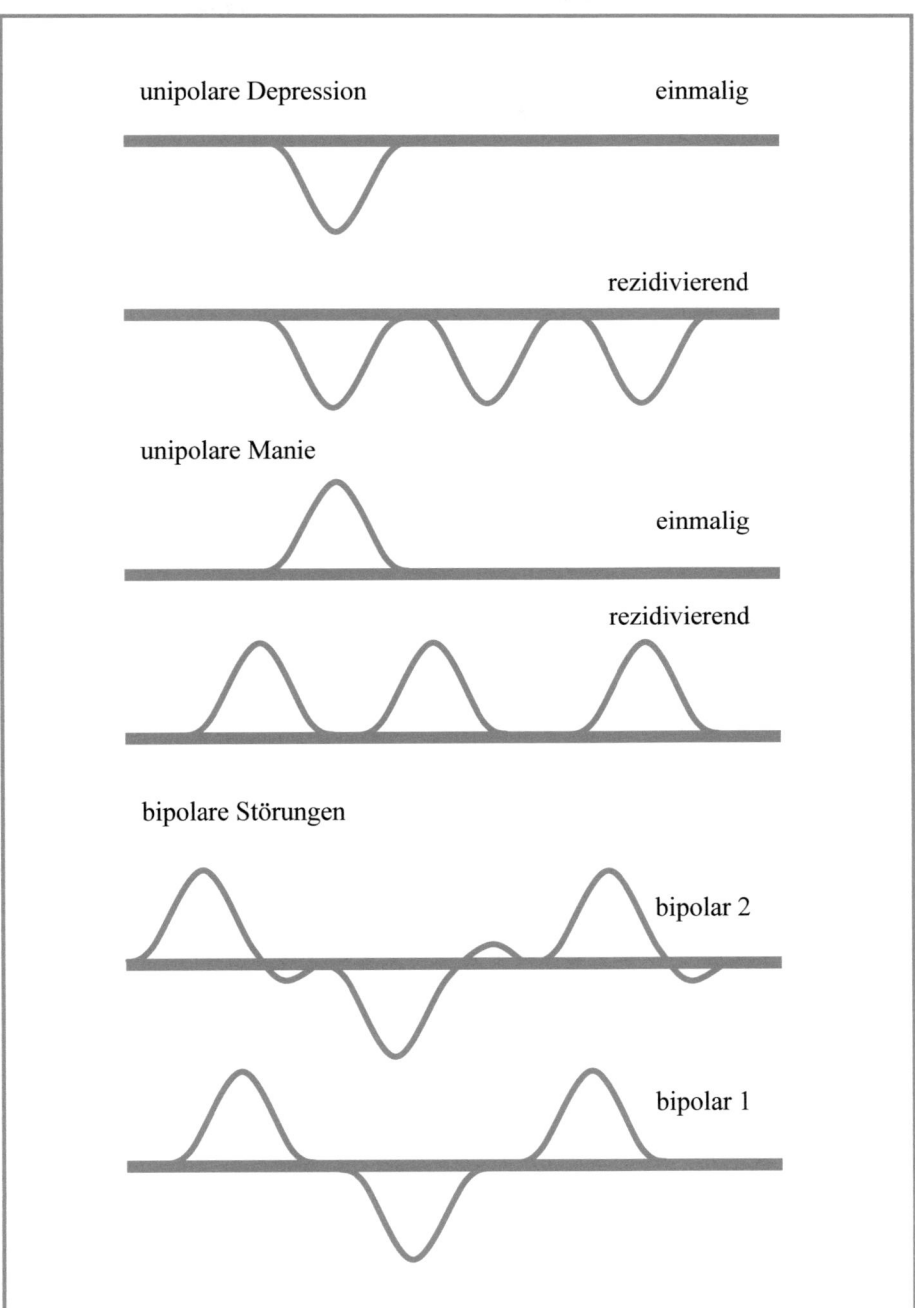

Symptomatik der Depression

Leitsymptome:
- depressive Verstimmung
- Antriebshemmung
- Interessenverlust
- Freudlosigkeit

Weitere häufigeSymptome:
- verminderte Konzentration, Aufmerksamkeit
- vermindertes Selbtwertgefühl, Selbstvertrauen
- Schuldgefühle, Gefühl der Wertlosigkeit
- pessimistische Zukunftsperspektive
- erhöhte Suizidalität
- Schlafstörungen
- verminderter Appetit

Symptome der Manie

Leitsymptome:
- inadäquat gehobene Stimmung
- Antriebssteigerung
- beschleunigtes Denken, Selbstüberschätzung

Weitere Symptome:
- Euphorie
- Hyperaktivität, verminderter Schlafdrang
- Irritierbarkeit, Feindseligkeit
- Wahnideen
- Rededrang (Logorrhö)
- Ideenflucht
- Größenideen
- Alkoholmissbrauch
- Hypersexualität

8.2 Anhaltende affektive Störungen

Dysthymia

Bei der Dysthymia handelt es sich um eine chronisch depressive Verstimmung leichteren Grades, die mindestens 2 Jahre kontinuierlich andauert. Die betroffenen Personen fühlen sich müde, depressiv, unzulänglich und schlafen schlecht. Sie sind in der Regel in der Lage, mit den Anforderungen des täglichen Lebens klar zu kommen, obwohl alles für sie eine Anstrengung ist und sie nichts genießen können. Die Störung beginnt gewöhnlich früh im Erwachsenenalter und wird auch neurotische Depression genannt.

Zyklothymia

Die Zyklothymia bezeichnet eine im frühen Erwachsenenalter einsetzende, dauerhafte Instabilität der Stimmung mit zahlreichen Perioden leichter Depression und leicht gehobener Stimmung. Die Stimmungsschwankungen werden von den Betroffenen ohne Bezug zu Lebensereignissen erlebt und sind relativ leicht. Zu unterscheiden hiervon ist der frühere Begriff der Zyklothymie, der synonym für manisch-depressive, bipolare Affektpsychose benutzt wurde.

8.3 Übungseinheit

Lesen Sie die Beispiele aufmerksam durch und notieren Sie auf dem Seitenrand die Symptome und Ihren Diagnosevorschlag. Vergleichen Sie Ihre Lösungen anschließend mit unseren Vorschlägen!

Beispiel 1:
Ein 52-jähriger Mann stellt sich in Ihrer Praxis vor und gibt an, aus seiner derzeitigen „Lethargie" nicht herauszukommen. Er gibt an, Buchautor zu sein und Romane zu schreiben. Seit Monaten habe er eine „Denkblockade". Es falle ihm nichts mehr ein, auch ein Urlaub von vier Wochen hätte nichts geholfen. Überarbeitet sei er eigentlich nicht.

„Wissen Sie, es war früher schon so. Ich bin als Buchautor recht erfolgreich, kann davon leben und schreibe wirklich gerne. Vor drei Jahren hatte ich dann diesen Durchhänger und es ging gar nichts mehr. Irgendwie war alles abgenutzt und am liebsten hätte ich den ganzen Bücherkram weggeworfen. Es hat keinen Spaß mehr gemacht, aber ich wusste einfach nicht warum. In der Zeit habe ich viel getrunken, so wie jetzt. Etwa drei Monate später ging es mir plötzlich besser. Ich habe dann mein bestes Buch geschrieben und war sehr erfolgreich, konnte viele Monate lang neue Ideen finden. Dann gab es wieder den Zusammenbruch. Und der hat fast ein halbes Jahr lang gedauert. Ich habe mich so durchgeschleppt, hat irgendwie geklappt. Fast neun Monate lang war jetzt alles gut. Und jetzt könnte ich wieder alles hinschmeißen. Ich muss mich wohl wieder durchschleppen ..."

Beispiel 2:
Eine 42-jährige Klientin meldet sich in Ihrer Praxis an, weil ihr Hausarzt eine Therapie aufgrund einer latenten Suizidalität empfohlen habe. Sie gibt an, dass ihr Leben sehr eintönig und ohne großen Belang sei und dass es eigentlich keine besondere Aufgabe für sie gäbe. Deshalb wolle sie sich jedoch nicht selbst töten. Darüber habe sie nie ernsthaft nachgedacht. Sie fragen nach der Stimmung der Klientin.

„Ach es ist so, dass es mir nicht wirklich schlecht geht. Meine Mutter sagt immer, ich hätte alles, was ich zum Leben bräuchte. Das stimmt aber nicht. Natürlich habe ich eine Arbeitsstelle. Es ist nichts Besonderes, aber ich verdiene mein Geld und kann mein Leben unabhängig gestalten. Ich muss niemanden fragen und kann tun und lassen, was ich will. Aber einsam bin ich trotzdem. Ich weiß oft nicht, was ich mit meiner Zeit anfangen soll. Meine Freunde habe ich nach meiner Scheidung verloren. Ich denke, es bleibt so, ich werde so bis ans Ende leben müssen. Ich komme schon damit zurecht. Ich kann mir nicht vorstellen, dass sich noch einmal etwas ändert. Es ist seit vielen Jahren so. Ich habe nur noch meine Mutter.“

9 Neurosen

9.1 Angststörungen

Agoraphobie

Diese Form der Angst ist dadurch charakterisiert, dass der Betroffene an Orten oder in Situationen, in denen beim plötzlichen Auftreten peinlicher Situationen eine Flucht nur schwer möglich oder Hilfe nicht verfügbar wäre, plötzlich Angst entwickelt. Die Situationsumgebung ist hier der Angst auslösende Reiz. Früher wurde angenommen, diese Störung bestünde ausschließlich in der Angst vor weiten Plätzen, weshalb sie auch Platzangst genannt wurde (agora = griechisch für Platz). Heute weiß man, dass es eine Angst vor allen Situationen ist, die sich für den Betroffenen außerhalb der gewohnten, Sicherheit signalisierenden Umgebung bewegen. Agoraphobie tritt oft in Kombination mit der Panikstörung auf.

Soziale Phobie

Hierbei handelt es sich um anhaltende Angst in Situationen, in denen die Person im Mittelpunkt der Aufmerksamkeit anderer steht. Die Angst wird als übertrieben und unvernünftig empfunden. Typische Situation ist öffentliches Sprechen, wobei der Klient befürchtet, etwas Dummes oder Peinliches zu sagen. Symptome sind unter anderem Erröten, Zittern, Übelkeit, Harndrang. Soziale Phobien sind häufig mit einem niedrigen Selbstwertgefühl und Furcht vor Kritik verbunden. Für die Diagnose ist gefordert, dass die betroffene Person erkennt, dass die Angst unvernünftig oder übertrieben ist. Die soziale Phobie wird auch soziale Neurose oder Antropophobie genannt.

Isolierte (spezifische) Phobien

Neben den oben beschriebenen Phobien gibt es zahlreiche einzelne phobische Angststörungen, die als isolierte oder spezifische Phobien bezeichnet werden, wenn sich die Angst auf eine ganz bestimmte Situation, eine Person oder eine Sache bezieht. Die ICD-10 bezeichnet diese nicht einzeln, sondern fasst sie als Gruppe der isolierten (spezifischen) Phobien zusammen.

Panikstörung

Von Panik spricht man bei ohne sichtbaren Anlass auftretender Angst, die meist anfallsweise verläuft und mit ausgeprägten körperlichen Symptomen verbunden ist (Panikattacke). Hier gibt es keine erkennbaren oder vom Klienten beschreibbaren konkreten Angstauslöser. Bei wiederholten, unerwarteten und nicht situationsgebundenen Panikattacken, die mehrmals innerhalb eines Monats auftreten, spricht man von einer Panikstörung. Die Panikattacke setzt plötzlich ein und kann sich innerhalb von Minuten zu einem Höhepunkt steigern. Psychische und körperliche Symptome sind eng miteinander verbunden. Die Symptome variieren von Person zu Person, typisch sind Herzklopfen, Brustschmerzen, Erstickungsgefühl, Schwindel, Entfremdungsgefühl und als sekundäre Reaktion die Furcht zu sterben, Furcht vor Kontrollverlust, Angst wahnsinnig zu werden. Regelmäßige Folge ist die Erwartungsangst, die so genannte Phobophobie, und sozialer Rückzug. Die Panikstörung wird auch episodisch paroxysmale Angst genannt.

Generalisierte Angststörung

Hierbei handelt es sich um eine grundlegende, lang anhaltende Angst, die mindestens über mehrere Wochen, häufiger über Monate oder Jahre geht. Die Angst ist praktisch ständig vorhanden, z. B. als unbegründete Geldsorgen oder übertriebene Angst um die Sicherheit des Kindes. Wichtige Symptome sind motorische Spannung (Zittern, Muskelanspannung, Ruhelosigkeit), vegetative Übererregbarkeit (Atemnot, Beklemmungsgefühl, Schwitzen, Mundtrockenheit, Schwindel) sowie erhöhte Aufmerksamkeit (Gefühl der Anspannung, Schreckhaftigkeit, Ein- oder Durchschlafstörungen, Reizbarkeit). Die hier beschriebene Störung kommt der früher diagnostizierten Angstneurose am nächsten.

Sonderfall Herzangstneurose

Die Herzangstneurose gibt es in der ICD-10 nicht mehr und kann daher nach diesem Klassifikationssystem auch nicht mehr diagnostiziert werden. Das hält Therapeuten und Ärzte nicht davon ab, diese Diagnose weiterhin zu stellen bzw. eine Störung so zu bezeichnen und die Prüfer hält es nicht davon ab, zu kontrollieren, ob Sie mit diesem Zustandsbild etwas anfangen können. Zur Herzangstneurose wurde in der schriftlichen Märzprüfung 2007 beispielsweise eine detaillierte

Frage gestellt, ohne Hinweis auf die "richtige" Bezeichnung nach ICD-10. Heute müsste eine Panikstörung diagnostiziert werden. Es gibt auch deutliche Überscheidungen zu der hypochondrischen Störung. Der frühere Begriff Herzphobie, der das gleiche bezeichnet wie die Herzangstneurose, schafft zusätzlich Verwirrung. Diese Störung ist durch die ständige Sorge um eine vermeintliche Herzstörung geprägt, wobei jedes Zwicken im Brustraum als Anzeichen des drohenden Infarktes oder Herztodes gedeutet wird und Panik auslöst. Häufige Arztbesuche ohne Befund sind die Regel. In vielen Fällen wird der Notarzt verständigt oder die Ambulanz einer Klinik kontaktiert, wobei die Beschwerden sich in Anwesenheit eines Arztes schnell bessern.

Phobien:

- situationsgebunden, erkennbare Auslöser

Agoraphobie:
- Situationen, die Flucht erschweren
- oft Kombination mit Panikstörung

Soziale Phobie:
- Angst, wenn die eigene Person im Mittelpunkt steht

Panikstörung:

- akuter Beginn, anfallsartig
- keine erkennbaren Auslöser
- Dauer Minuten bis Stunden
- Herzrasen, Schwindel, Todesangst
- Erstickungsgefühl, Beklemmung
- Druckgefühle im Brustraum
- Angst vor Kontrollverlust

Generalisierte Angststörung

- ständig vorhandene Besorgnis und Unruhe
- Sorgen um viele Lebensthemen
- Beklemmungsgefühle, Schlaflosigkeit
- Schreckhaftigkeit

9.2 Zwangsstörungen

Typische Symptome von Zwangsstörungen sind Gedankeninhalte oder Handlungen, die sich stereotyp wiederholen, sich aufdrängen, als sinnlos oder gar widersinnig erlebt werden und nicht durch Ablenkung oder ähnliche Strategien vermieden werden können. Beim Versuch, sich den Zwangsphänomenen zu entziehen oder zu widersetzen, tritt eine intensive innere Spannung mit vorherrschender Angst auf. Bei zwei Dritteln der Patienten findet sich eine Kombination von Zwangsgedanken und Zwangshandlungen. Das Ausführen der Zwangshandlungen führt zu einer Reduktion der inneren Spannung. Verschiedene Zwangshandlungen können sich zu komplexen Ritualen (Zwangszeremoniell) zusammenfügen.

Die Diagnose wird gestellt, wenn die Zwangssymptomatik ganz im Vordergrund steht und andere psychische Störungen ausgeschlossen werden können. Gemäß ICD-10 müssen Zwangsgedanken oder Zwangshandlungen an den meisten Tagen innerhalb einer Dauer von mindestens zwei Wochen nachweisbar sein, damit die Diagnose gestellt werden kann. Folgende Kriterien müssen die Zwänge erfüllen:

Symptome der Zwangsstörung

- Der Klient erkennt die Zwänge als eigene Gedanken (Meinhaftigkeit).
- Mindestens einem Gedanken wird noch, wenn auch erfolglos, Widerstand geleistet.
- Das Ausführen der Zwänge darf nicht als deutlich und nachhaltig angenehm empfunden werden.
- Die Zwänge müssen sich in unangenehmer Art und Weise wiederholen

---

Zwangsstörungen kommen auch bei Kindern vor. Bei ihnen ist die Meinhaftigkeit nicht so deutlich ausgeprägt wie bei Erwachsenen.

9.3 Belastungs- und Anpassungsstörungen

Akute Belastungsreaktion

Dauert die Belastungsreaktion Stunden bis Tage nach einem traumatisierenden Ereignis an und liegen sonst keine psychischen Störungen vor, so spricht man von der akuten Belastungsreaktion. Nach einer Anfangsphase der "Betäubung", die durch Bewusstseinseinengung, Desorientiertheit und eingeschränkte Aufmerksamkeit gekennzeichnet ist, kommt es zu affektiven und vegetativen Symptomen, die in der Regel nach einigen Stunden abklingen. Suizidale Handlungen kommen in diesem Zusammenhang ebenfalls vor, sind jedoch nicht typisch. Die Symptome bilden sich spätestens nach drei Tagen zurück.

Posttraumatische Belastungsstörung

Diese Störungen treten mit Verzögerung auf außergewöhnliche Belastungen auf. Die Störung folgt mit einer Latenz von Wochen bis Monaten nach dem Ereignis. Die Symptome können vielgestaltig sein. Sie können in drei Gruppen eingeteilt werden: Flashbacks, also sich wiederholendes inneres Durchleben der Situation, sozialer Rückzug, Übererregtheit und Schreckhaftigkeit. Traumatisierende Ereignisse können beispielsweise sexuelle Missbrauchserfahrungen, Naturkatastrophen, Kampfhandlungen oder Terroranschläge sein.

Anpassungsstörung

Diese Störung liegt vor, wenn die Fähigkeit der Anpassung an neue Situationen nach einem Belastungsereignis beeinträchtigt ist. Sie tritt innerhalb eines Zeitraums von drei Monaten nach dem Ereignis auf und dauert selten länger als sechs Monate. Depressive Verstimmungen, Angst und das Gefühl nicht zurecht zu kommen bestimmen das Symptombild. Die längere depressive Reaktion kann als Ausnahme hiervon bis zu zwei Jahre andauern. Bei Kindern und Jugendlichen wird mitunter dissoziales Verhalten beobachtet. Die Auslöser von Anpassungsstörungen haben nicht unbedingt äußerlich katastrophalen Charakter. Trauer, Verlust des Arbeitsplatzes oder das Ende einer Beziehung können durchaus zu zeitweiligen Anpassungsstörungen führen.

Andauernde Persönlichkeitsveränderung nach Extrembelastung

Nach lange andauernden Extrembelastungen mit Todesangst und Entwürdigung der persönlichen Existenz (Geiselhaft, Folter) kann es zu tief greifenden Persönlichkeitsänderungen kommen, die überdauern. Sie sind geprägt von Misstrauen, Feindseligkeit, Hoffnungslosigkeit, sozialem Rückzug und Nervosität. Entfremdungs- und Bedrohungsgefühle kommen hinzu. Oft spielt die Überlebensschuld eine große Rolle und bedarf intensiver psychotherapeutischer Begleitung. Zur Diagnosestellung muss die Persönlichkeitsveränderung mindestens über zwei Jahre bestehen.

Akute Belastungsreaktion:
- „Nervenschock", „Nervenzusammenbruch"
- unmittelbare zeitliche Nähe zur Belastung
- Entfremdungsgefühle, Bewusstseinseinengung
- Desorientiertheit
- Zittern, Schweißausbrüche, Ringen nach Luft
- Dauer: Stunden bis maximal Tage

Posttraumatische Belastungsstörung:
- katastrophale Auslösesituation
- Latenz von Wochen bis Monaten
- Flashbacks, Alpträume
- Schreckhaftigkeit, Übererregtheit
- Misstrauen, Feindseligkeit
- sozialer Rückzug

Anpassungsstörung
- subjektiv belastende Auslösesituation
- Latenz von bis zu drei Monaten
- sozialer Rückzug
- Gefühl der Überforderung im Alltag
- Depressivität
- bei Kindern Regressionsphänomene und dissoziales Verhalten möglich
- selten länger als 6 Monate

9.4 Dissoziative Störungen

Das Wesensmerkmal dieser Erkrankungen ist die teilweise Entkoppelung von seelischen und körperlichen Funktionen (Dissoziation). Dabei kommt es in der Regel zu isolierten Funktionsausfällen, wobei die Symptomatik flüchtig ist, also sehr stark schwankt. Dissoziative Störungen treten plötzlich auf und verschwinden oft genauso abrupt wieder.

Dissoziative Amnesie

Hierbei handelt es sich um die plötzliche Unfähigkeit, sich an persönliche Daten zu erinnern. Meist ist die Erinnerungslücke unvollständig und beschränkt sich auf bestimmte Zeitabschnitte (lokalisierte Amnesie) oder auf bestimmte Inhalte (selektive Amnesie). Sehr selten ist die generalisierte Amnesie, die das gesamte Erinnerungsvermögen betreffen kann.

Dissoziative Fugue

Bei dieser Störung verlässt der Betroffene plötzlich seine Umgebung, weil er seine Identität nicht mehr kennt und stattdessen eine neue annimmt, von der er überzeugt ist. Nach außen scheinen Betroffene oft völlig geordnet.

Dissoziativer Stupor

Erhebliche Antriebsminderung kennzeichnet dieses Störungsbild, ähnlich wie beim depressiven Stupor oder bei schizophrenen Patienten.

Dissoziative Bewegungsstörungen

Hier kommen Lähmungen, mangelnde Bewegungskoordination (Ataxie), Unfähigkeit zu stehen (Astasie), Unfähigkeit zu gehen (Abasie) sowie Zittern und Schütteln vor.

Dissoziative Krampfanfälle

Diese ähneln den Krampfanfällen einer Epilepsie.

Dissoziative Empfindungsstörungen

Hierbei liegen Empfindungsstörungen der Haut vor, Verschwommen-
sehen, Tunnelsehen oder Taubheit.

Multiple Persönlichkeitsstörung

Eine multiple Persönlichkeitsstörung liegt dann vor, wenn eine Person
mehrere, voneinander getrennte Persönlichkeiten besitzt und zwischen
diesen hin und her wechselt. Dabei hat sie immer nur eine Identität
inne. Der einen ist meistens die Existenz der anderen Persönlichkeiten
nicht bewusst. Diese Störung hat nichts zu tun mit Schizophrenie. Der
schizophrene Patient hat immer nur eine Identität, die jedoch in zwei
Welten lebt, einer realen und einer wahnhaft-halluzinatorischen.

Depersonalisation

Bei dieser Form werden das eigene Ich oder der eigene Körper als
fremd erlebt. Druckgefühle, unpersönliches Gefühlsleben und mecha-
nisch erlebte Handlungen werden von Betroffenen beschrieben. Die
Meinhaftigkeit bleibt erhalten!

Ganser-Syndrom

Dieses Syndrom nimmt eine Zwischenstellung zwischen Anpassungsstörungen und dissoziativen Störungen ein. Betroffene Personen machen systematisch alles falsch, so wie man sich laienhaft oft psychisch
Kranke vorstellt.

Es können auch Kombinationen aus den beschriebenen dissoziativen
Störungen vorkommen. Die einzelnen Störungsbilder schließen sich
nicht gegeneinander aus. Insgesamt ist die Symptomatik oft schwan-
kend, d. h. die Stärke und Ausprägung der Symptome wechselt von
Tag zu Tag, von Kontaktperson zu Kontaktperson und bei verschiedenen Untersuchern und Therapeuten. In der Flüchtigkeit der Symptomatik liegt eine weitere wesentliche Unterscheidung zu somatoformen
und psychosomatischen Krankheiten.

9.5 Somatoforme Störungen

Hauptmerkmal der somatoformen Störungen ist ein anhaltendes oder wiederholtes Auftreten von körperlichen Symptomen, für die keine ausreichenden organischen Befunde nachweisbar sind und bei denen pathogenetisch seelische Belastungen eine wesentliche Rolle spielen. Grundsätzlich kann jedes Organ und jede Körperfunktion davon betroffen sein. Während es bei den dissoziativen Störungen um Funktionsausfälle geht, stehen hier eher Körpersymptome im Vordergrund, die viel eher für eine körperliche Erkrankung gehalten werden können. Rückenschmerzen, anhaltende Kopfschmerzen oder Magen-Darm-Beschwerden sind typisch.

Somatisierungsstörungen

Bei der Somatisierungsstörung liegen umfangreiche Körpersymptome vor, wobei Symptomwechsel möglich sind. Körperliche Ursachen werden nicht in dem Maß gefunden, dass ein ursächlicher Zusammenhang angenommen werden kann. Trotz somatischer Behandlung tritt keine deutliche Besserung ein. Jeder Köperteil kann betroffen sein. Oft beharren Patienten auf bestimmten Köperteilen oder Organen als Ursache. Bei der autonomen somatoformen Funktionsstörung liegen Funktionsstörungen von Organsystemen vor.

Hypochondrische Störung

Bei der hypochondrischen Störung beschäftigen sich Betroffene unablässig mit vermeintlichen oder befürchteten körperlichen Erkrankungen und Organstörungen. Häufige Arztbesuche und ständiger Arztwechsel sind typische Merkmale. Soziale Beziehungen und die berufliche Leistungsfähigkeit sind oft eingeschränkt. Als Sonderform ist die Dysmorphophobie bekannt. Hierbei beschäftigen sich die Betroffenen besonders mit vermeintlichen Falten oder Schwellungen im Gesicht oder der Form der Nase und der Ohren.

Somatoforme Schmerzstörung

Stehen Schmerzen im Vordergrund der Symptomatik, so liegt eine somatoforme Schmerzstörung vor. Die körperlichen Symptome und die Lage der Schmerzen können variieren. Schmerzen werden immer in erheblichem Maße von der seelischen Befindlichkeit beeinflusst. Daher wird die Diagnose nur gestellt, wenn die Symptomatik über Monate andauert und soziale Folgen eintreten oder bereits zahlreiche medizinische Untersuchungen und Behandlungsansätze durchgeführt wurden. Missbrauch von Alkohol und Schmerzmitteln ist häufig mit der somatoformen Schmerzstörung verbunden.

Somatoforme autonome Funktionsstörung

Bei dieser Form beziehen sich die geschilderten Beschwerden auf einen ganz bestimmten Körperteil oder ein bestimmtes Organ, beispielsweise den Magen-Darm-Trakt oder das Herz (Herzneurose). Die Symptomatik "wandert" nicht zu anderen Organen, sondern verbleibt beharrlich. Die autonome Funktionsstörung ist die häufigste Form somatoformer Störungen. Außer der Fixierung auf ein einziges Organsystem entsprechen der Verlauf und die Psychodynamik (Entstehung, Aufmerksamkeitserregung, Folgen) der Somatisierungsstörung.

Die Unterschiede zwischen dissoziativen und somatoformen Störungen sind in folgender Tabelle abgebildet. Außerdem wird hier eine Abgrenzung zum Begriff der psychosomatischen Krankheit vorgeschlagen, der aber für die Diagnosebeispiele in diesem Buch keine weitere Bedeutung hat.

	Dissoziativ	**Somatoform**	**Psychosomatisch**
Störungs-bereiche	- Erinnerung - Identität - Wahrnehmung - Denken - Bewegung	- diffuse körperliche Beschwerden - Organsysteme - Schmerzen	- umschriebene körperliche Krankheiten mit eindeutigem Symptombild
Befund	- keine körperlichen Störungen - erhebliche Symptomschwankungen	- kein ausreichender Befund - relativ stabile Symptomatik	- klarer Befund und eindeutige Symptomatik

9.6 Übungseinheit

Lesen Sie die Beispiele aufmerksam durch und notieren Sie auf dem Seitenrand die Symptome und Ihren Diagnosevorschlag. Vergleichen Sie Ihre Lösungen anschließend mit unseren Vorschlägen!

Beispiel 1:
Eine 47-jährige Klientin stellt sich aufgrund kürzlich aufgetretener Angstzustände in Ihrer Praxis vor.

„Seit einigen Tagen habe ich eine extreme Unruhe in mir. Es ist wie eine Angst, die ich nicht genau erklären kann. Angefangen hat alles, als ich mir bei einem Sturz auf der Treppe den rechten Arm gebrochen habe. Die Ärzte sagen, es wäre kompliziert. Es musste eine Platte auf den Knochen geschraubt werden. Als ich wieder zu Hause war, war die ganze Wohnung eingestaubt. Ich war drei Tage im Krankenhaus, habe es dann nicht mehr ausgehalten. Das ewige Warten und das Herumliegen. Das hat mich ganz nervös gemacht. Zu Hause wollte ich dann die Wohnung putzen, was nicht richtig ging. Die Schmerzen waren zu groß und ich kann mich ja kaum bewegen. Ich musste den ganzen Dreck liegen lassen. Immer wieder habe ich es probiert, aber es ging nicht. Ich denke immer, ich muss doch sauber machen. Dieser ganze Dreck. Ich hatte seit drei Tagen nicht geputzt. Die vielen Bakterien und der Staub. Ich habe schon überlegt, eine Putzfrau anzurufen. Die machen aber nicht richtig sauber. Ich muss unbedingt sauber machen. Dann diese Angst und Unruhe ...“

Beispiel 2:

Ein 35-jähriger Klient, der als Soldat im Auslandseinsatz war, berichtet von seinen Erlebnissen, die er nicht vergessen könne: „Als Beobachter der UNO darf ich nur zusehen, was passiert. Ich darf nicht in Kampfhandlungen eingreifen. Das ist ein teuflisches Mandat. Ich sehe zu, wie Menschen getötet werden und könnte eingreifen, vielleicht Leben retten. Aber ich durfte nicht. Davon träume ich jede Nacht. Immer wieder sehe ich Menschen, die nach Hilfe schreien, die ihre Hände nach mir ausstrecken und ich stehe nur da. Sie klagen mich an. Es mischen sich Bilder, die ich dort gesehen habe mit anderen Gestalten und Orten in meinen Träumen. Ich werde nicht fertig damit, es zieht mich immer wieder runter. Selbst kleine Geräusche am Tag lassen mich zusammenzucken. Ich fühle mich irgendwie unsicher, obwohl es hier keine Bedrohung mehr gibt. Zuerst war alles gut. Nach meinem Einsatz war ich für drei Wochen im Urlaub in Spanien. Es ging erst danach los. Der Einsatz ist jetzt fünf Monate her, aber die Träume sind immer noch da."

Beispiel 3:

Ein 16-jähriger Klient wurde von seinen Eltern in Ihrer Praxis angemeldet, nachdem der Klassenlehrer des jungen Mannes von plötzlichen „Aussetzern" im Unterricht berichtete. Die Mutter, die den Jungen begleitet, gibt an, ihr Sohn verlasse oft schlagartig das Klassenzimmer, nachdem er vorher einige Minuten unruhig auf seinem Stuhl hin und her schaukle. Der Klassenlehrer hätte wegen Verdacht auf Drogeneinnahme die Eltern verständigt. Eine Blutuntersuchung habe keinen Hinweis auf Drogen ergeben. Der Sohn streite dies auch rigoros ab. Auf die Frage, was denn los sei, wenn er den Klassenraum verlasse, schildert der Schüler sein Verhalten folgendermaßen: „Manchmal ist es, als wenn ich keine Luft bekomme. Das kommt ganz plötzlich, ich muss dann einfach raus. Mein Herz schlägt dann so schnell, dass ich denke, es bleibt stehen oder mir platzen die Adern. Ich muss einfach raus aus der Klasse. Ich gehe dann draußen auf dem Schulhof auf und ab. Meistens dauert das Ganze so eine halbe Stunde vielleicht. Ich weiß nicht genau. Meistens gehe ich nicht mehr zurück, weil ich denke, es passiert wieder und ich ersticke irgendwann.

Beispiel 4:

Ein 35-jähriger Klient, der sich auf Anraten seines Hausarztes bei Ihnen vorstellt, berichtet: „Mein Arzt sagt, ich sollte einen Psychologen aufsuchen. Das ist völlig absurd, ich bin nicht verrückt, ich bin krank. Es ist mein Herz. Ich denke, ich hatte schon einmal einen Herzinfarkt, der nicht behandelt wurde. Ich bemerke immer wieder das Stechen in der Herzgegend. Da muss was sein. Die Ärzte sagen, es ist alles in Ordnung. Sie müssten ja auch eigentlich was finden, wenn da was ist. Können Sie mir nicht eine Bestätigung schreiben, dass ich im Kopf gesund bin, vielleicht schickt mich mein Hausarzt dann doch noch einmal zu einem Spezialisten."

Beispiel 5:

Ein Student stellt sich in Ihrer Praxis vor und berichtet, dass er Probleme mit dem Studium habe, weil er nicht in der Lage sei, vor den Mitstudenten Referate zu halten oder etwas zu präsentieren. Seine Stimme werde zittrig und er ringe dann nach Luft. Schweißausbrüche kämen hinzu und er würde sehr schnell rot im Gesicht. Im Gespräch mit Ihnen fängt er ebenfalls an zu zittern und zu schwitzen.
Die ärztliche Untersuchung habe keine körperlichen Erkrankungen ergeben. Drogen nehme er nicht ein. Ähnliche Schwierigkeiten hätte er auch früher schon in der Schule gehabt, aber erst seit den Abiturprüfungen.

83

10 Persönlichkeitsstörungen

10.1 Diagnostische Leitlinien

Unter Persönlichkeitsstörungen versteht man tief verwurzelte, anhaltende und weitgehend stabile Verhaltensmuster, die sich in starren Reaktionen auf unterschiedliche persönliche und soziale Lebenslagen zeigen. Gegenüber der Mehrheit der Bevölkerung zeigen sich deutliche Abweichungen im Wahrnehmen, Denken, Fühlen und in der Beziehung zu anderen. Die Abgrenzung zu noch ungestörtem und toleriertem Verhalten ist oft schwierig. Es gibt verschiedene Persönlichkeitsstörungen mit jeweils eigenen Charakteristika. Die schizoide und die paranoide Persönlichkeit haben wir bereits im Zusammenhang mit der Schizophrenie besprochen. In diesem Kapitel verzichten wir auf eine Wiederholung. Die folgenden allgemeinen diagnostischen Kriterien gelten für alle Persönlichkeitsstörungen.

Diagnostische Leitlinien aller Persönlichkeitsstörungen

1. Deutliche Unausgeglichenheit in den Einstellungen und im Verhalten in mehreren Funktionsbereichen (Affektivität, Antrieb, Impulskontrolle, Wahrnehmen, Denken)
2. Das Verhaltensmuster ist andauernd und gleichförmig
3. Das Verhaltensmuster ist tief greifend und in vielen Situationen unpassend
4. Die Störungen beginnen immer in der Kindheit oder Jugend und manifestieren sich auf Dauer im Erwachsenenalter
5. Die Störungen führen zu subjektivem Leiden, manchmal jedoch erst im späteren Verlauf
6. Die Störungen sind meistens mit Einschränkungen der beruflichen und sozialen Leistungsfähigkeit verbunden

---

10.2 Erscheinungsformen (ICD-10)

Dissoziale (antisoziale) Persönlichkeit

Hauptmerkmal ist ein Muster von verantwortungslosem und antisozialem Verhalten, das in der Kindheit oder frühen Adoleszenz beginnt und bis ins Erwachsenenalter fortdauert. Die Betroffenen können sich nicht an gesellschaftliche Normen anpassen, sie begehen deshalb wiederholt strafbare Handlungen. Die Frustrationstoleranz ist gering, aus Erfahrung wird wenig oder nicht gelernt. Die Störung des Sozialverhaltens beginnt schon vor Vollendung des 15. Lebensjahres. Diese Störung wird auch als Soziopathie oder soziopathische Persönlichkeitsstörung bezeichnet; beide Begriffe sind heute jedoch nicht mehr üblich.

Symptome der dissozialen Persönlichkeitsstörung

- Herzloses Unbeteiligtsein gegenüber den Gefühlen anderer
- Andauernde Verantwortungslosigkeit und Missachtung sozialer Normen, Regeln und Verpflichtungen
- Unvermögen zur Beibehaltung längerfristiger Beziehungen, aber keine Schwierigkeiten, Beziehungen einzugehen!
- Geringe Frustrationstoleranz, niedrige Schwelle für Aggressivität und Gewalt
- Unfähigkeit zum Erleben von Schuldbewusstsein oder zum Lernen aus Erfahrung
- Neigung, andere zu beschuldigen und vordergründige Rationalisierung für eigene Konfliktlagen

---

Histrionische Persönlichkeit

Diese Störung ist gekennzeichnet von einem durchgängigen Muster von übermäßiger Emotionalität und übermäßigem Verlangen nach Aufmerksamkeit. Personen mit dieser Störung zeigen oft theatralisches Verhalten mit übertriebenem Ausdruck von Gefühlen. Sie erwarten ständig Bestätigung, Anerkennung oder Lob. In zwischenmenschlichen Beziehungen übertreiben sie leicht und spielen eine Rolle, wie etwa die "Prinzessin" oder das immerwährende "Opfer". Diesem Auftreten steht oft eine ausgeprägte Sensibilität und Verletzbarkeit gegenüber. Diese Störung, die auch als hysterische Persönlichkeitsstörung bezeichnet wird, tritt gehäuft mit dissoziativen und Konversionsstörungen auf.

Symptome der histrionischen Persönlichkeitsstörung

- Theatralisches Verhalten, Dramatisierungen, übertriebener Gefühlsausdruck
- Leichte Beeinflussbarkeit durch Personen oder Aktivitäten, Suggestibilität
- Oberflächliche und labile Affektivität
- Andauerndes Verlangen nach Anerkennung und Aufregung durch andere
- Unangemessen (sexuell) verführerisch in Erscheinung und Verhalten
- Übermäßiges Interesse an körperlicher Aktivität

Anankastische Persönlichkeit

Hauptmerkmal der Störung ist ein durchgängiges Muster von Perfektionismus und Starrheit im Denken und Handeln. Die Betroffenen stehen im Konflikt mit dem Streben nach Perfektion einerseits und den selbstgesetzten unerreichbaren Normen andererseits. Gut ist ihnen nicht gut genug! Aufgrund ausgeprägter Unentschlossenheit werden Entscheidungen hinausgezögert, sie verhalten sich oft wie "Moralapostel". Depressive Verstimmungen und Zwangserkrankungen treten häufig auf. Achten Sie dennoch auf die Unterscheidung zwischen der anankastischen Persönlichkeit, die ein durchgängiger Charakter ist, und der Zwangsstörung, die sich auf bestimmte Zwänge und Rituale konzentriert und vom Betroffenen als störend empfunden wird.

Symptome der anankastischen Persönlichkeit

- Übermäßige Zweifel und Vorsicht
- Ständiges Beschäftigen mit Listen, Regeln, Details, Ordnungen, Plänen
- Perfektionismus, der die Fertigstellung von Aufgaben behindert
- Übermäßige Gewissenhaftigkeit, Skrupelhaftigkeit und Leistungsbezogenheit unter Vernachlässigung von Vergnügen im zwischenmenschlichen Bereich
- Übermäßige Pedanterie und Befolgen von Konventionen
- Rigidität und Eigensinn
- Beharren auf die Unterordnung anderer unter die eigenen Vorstellungen und Gewohnheiten, Zögern beim Delegieren von Aufgaben
- Andrängen beharrlicher und unerwünschter Gedanken und Impulse

---

Abhängige (dependente) Persönlichkeit

Hauptmerkmale sind eine Selbstwahrnehmung als hilflos und inkompetent sowie das Überlassen der Verantwortung für wichtige Lebensbereiche an andere. Die Betroffenen sind kaum in der Lage, Entscheidungen zu treffen. Sie fühlen sich beim Alleinsein sehr unbehaglich und entwickeln Ängste vor dem Verlassenwerden. Es besteht übermäßige Nachgiebigkeit gegenüber den Wünschen anderer. Durch Kritik und Ablehnung anderer sind sie extrem verletzlich. Häufig gibt es Kombinationen mit selbstunsicherer oder schizotypischer Persönlichkeitsstörung, Angst und Depression. Die Störung wird auch als dependente Persönlichkeitsstörung bezeichnet.

Symptome der abhängigen Persönlichkeitsstörung

- Die meisten Entscheidungen werden anderen überlassen
- Unterordnung eigener Bedürfnisse unter die anderer Personen, unverhältnismäßige Nachgiebigkeit gegenüber Wünschen anderer
- mangelnde Äußerung angemessener eigener Ansprüche
- Übertriebene Angst vor dem Alleinsein mit Befürchtung, nicht selbst für sich sorgen zu können
- Häufige Angst, verlassen zu werden und auf sich selbst angewiesen zu sein
- Eingeschränkte Fähigkeit, Alltagsentscheidungen zu treffen ohne ein hohes Maß an Ratschlägen und Bestätigungen durch andere
- Gefühle von Hilflosigkeit, Inkompetenz und mangelnder Leistungsfähigkeit

---

Ängstliche (vermeidende) Persönlichkeit

Hauptmerkmal ist das durchgängige Muster von Anspannung und Besorgtheit, Angst vor negativer Beurteilung und Schüchternheit. Die Betroffenen sind durch Kritik anderer übermäßig verletzbar. Potenzielle Gefahren und Risiken werden übertrieben eingeschätzt. Die Betroffenen erkennen durchaus ihre Unfähigkeit, soziale Beziehungen zu pflegen. Die Störung wird auch als selbstunsichere Persönlichkeitsstörung bezeichnet. Achten Sie in der amtsärztlichen Überprüfung besonders auf die Unterscheidung zwischen abhängiger und ängstlicher Persönlichkeitsstörung!

Symptome der ängstlichen Persönlichkeit

- Andauernde, umfassende Gefühle von Anspannung und Besorgtheit
- Überzeugung, selbst sozial unbeholfen, unattraktiv und minderwertig im Vergleich zu anderen zu sein
- Übertriebene Sorge, im sozialen Kontakt kritisiert oder abgelehnt zu werden
- Einlassen auf persönliche Kontakte nur dann, wenn Sicherheit besteht, gemocht zu werden
- Eingeschränkter Lebensstil wegen des Bedürfnisses nach körperlicher Sicherheit
- Vermeidung von beruflichen Aktivitäten, die soziale Kontakte erfordern, aus Furcht vor Ablehnung und Missbilligung
- Überempfindlichkeit gegenüber Ablehnung und Kritik

10.4 Übungseinheit

Lesen Sie die Beispiele aufmerksam durch und notieren Sie auf dem Seitenrand die Symptome und Ihren Diagnosevorschlag. Vergleichen Sie Ihre Lösungen anschließend mit unseren Vorschlägen!

Beispiel 1:
Ein 32-jähriger Klient stellt sich in Ihrer Praxis vor, weil er unbedingt herausfinden möchte, „was mit ihm los ist". Er werde ständig von Kollegen und Vorgesetzten kritisiert, könne allerdings nicht verstehen, wieso das so sei. Er gibt an, als Projektplaner in der IT-Branche zu arbeiten. Das täte er im Großen und Ganzen mit gutem Erfolg. Seine Konzepte seien in der Regel fehlerfrei und „perfekt". Seine Firma habe daher in der Vergangenheit viele seiner Projekte bewilligt und Kunden angeboten. Zu Schwierigkeiten käme es vor allem, weil er anschließend häufig Abgabetermine versäume. Das liege allerdings daran, dass er seine Projekte noch verbessere, nachdem Sie bereits genehmigt seien, um einfach perfekte Lösungen anzubieten. Eine „halbe Sache" könne er keinem Kunden anbieten. Ihr Klient gibt weiter an, in der Regel an sieben Tagen pro Woche zu arbeiten und nur wenig Sozialkontakte zu haben. Freunde habe er keine, die brauche er auch nicht. Die meisten Menschen hätten eine schlechte Moral und hielten sich nicht an die notwendige Ordnung. Seine affektive Mitschwingungsfähigkeit scheint etwas eingeschränkt. Er selbst bezeichnet sich als humorlos und leidenschaftslos.

Beispiel 2:
Ein 20-jähriger Mann wird von seinem Vater in Ihre Sprechstunde geschickt. Dieser hat gedroht, ihn zu Hause rauszuwerfen, wenn er nicht endlich mit einem Therapeuten spricht. Er gibt an, keine Probleme zu haben, sondern nur bei Ihnen zu sein, um die Konsequenzen zu vermeiden. Sein Vater, der ihn begleitet, berichtet von mehreren Einbrüchen und regelmäßigen Schlägereien seines Sohnes, der dadurch immer wieder in Konflikt mit der Polizei gerate. Derzeit laufe ein Ermittlungsverfahren wegen Kreditkartenbetruges gegen ihn. Der junge Mann macht einen intelligenten Eindruck und kann dem Gespräch höflich und sprachlich angemessen folgen. Er zeigt keine Hinweise auf eine produktive Symptomatik. Er gibt an, keine Freundin zu haben, er habe immer nur kurze Bekanntschaften, die ihn bald nerven würden. Als Sie ihn auf die Delikte ansprechen, weicht er höflich aus und wechselt das Thema. Auf eindrückliche Nachfrage reagiert er feindselig und weigert sich, das Gespräch fortzusetzen. Er zeigt keine Reue für seine Vergehen. Gesetzesübertretungen scheinen ihm gleichgültig zu sein, obwohl er das Unrecht seiner Handlungen zu erkennen scheint.

Beispiel 3:

Eine 45-jährige Klientin hat sich telefonisch bei Ihnen angemeldet und über Schmerzen geklagt, die seit einer Bauchoperation bestünden. Man habe ihr gesagt, das liege an innerlichen Vernarbungen der Operationswunde und sei nur durch eine erneute Operation zu beheben. Nun wissen sie nicht mehr ein noch aus und sei völlig niedergeschlagen. Am Telefon hatte die Klientin bereits eindringlich darauf hingewiesen, dass sie dringend Hilfe brauche. Sie erscheint in einem Minirock und weit ausgeschnittener Bluse in Ihrer Praxis, ist stark geschminkt und riecht stark nach Parfum. Im Gespräch schluchzt sie vor Verzweiflung und schildert immer wieder ihre Schmerzen. Immer wieder wischt sie sich die Tränen ab und schaut danach in einen kleinen Spiegel, den sie aus ihrer Handtasche zieht, und achtet dabei darauf, die Schminke nicht zu verwischen. Sie fragt Sie schließlich, ob sie nicht ihre Bluse ausziehen solle, damit sie sich die Narbe einmal genau ansehen könnten. Sie bittet Sie, ihr beim Öffnen der Bluse zu helfen. Als Sie das verneinen, beginnt sie erneut laut zu schluchzen und sagt, dass sich niemand richtig für ihre Schmerzen interessiere. Nach einigen Minuten behauptet die Klientin, es sei sehr warm in Ihrem Sprechzimmer und öffnet zwei Knöpfe der bereits ziemlich weit offen stehenden Bluse ...

Beispiel 4:

Ein 25-jähriger Klient kommt auf Drängen seiner Eltern in Ihre Sprechstunde. Er wird von seiner Mutter begleitet, die sich vor allem Sorgen macht, weil er keine Freunde habe und auch noch nie mit einem Mädchen zusammen gewesen sei. Er sei ein extremer Einzelgänger, was für sein Alter nicht normal sein könne. Der junge Mann scheint sich im Gespräch sehr unwohl zu fühlen. Er vermeidet Augenkontakt und erscheint etwas eingeschränkt in der affektiven Mitschwingungsfähigkeit. Er bestätigt, keine Freunde zu haben. Eine Freundin hätte er auch nicht und er sehne sich auch nicht danach. Am liebsten sei er alleine und gehe seinen Hobbys nach. Er beschäftige sich vor allem mit Numerologie und Kartenlegen. Sexuelle Erfahrungen habe er bisher nicht, was ihn überhaupt nicht störe.

Im Gespräch und auf gezieltes Nachfragen ergeben sich keine Hinweise auf wahnhafte Züge oder Halluzinationen. Das formale und inhaltliche Denken scheint weitgehend unauffällig.

11 Zehn Klienten, zehn Diagnosen ...

11.1 Fallbeispiele in der Prüfung

Fallbeispiele in der mündlichen Überprüfung laufen meistens sehr ähnlich ab. Einer der Prüfer schildert den Fall oder liest ihn von einem Blatt Papier ab. Anschließend erhalten Sie das Blatt, um selbst noch einmal kurz nachzulesen, falls Sie etwas vergessen. Nun gilt es, eine Diagnose oder zumindest Verdachtsdiagnose zu stellen.

Das sollten Sie auf jeden Fall vor dem Termin der mündlichen Prüfung ausreichend üben. Klienten schildern ihre Beschwerden oder Selbstbeobachtungen nicht mit den Fachbegriffen der Psychotherapie. Diese kennen sie meistens nicht einmal. Klienten erzählen ihre Erlebnisse in Alltagssprache und diese gilt es in der Prüfung in psychopathologische Fachbegriffe zu übersetzen. In den vorhergehenden Kapiteln haben Sie bereits eine ganze Reihe an Diagnosen gestellt. Hier im elften Kapitel finden Sie nun zehn weitere Fallbeispiele, die aus allen Bereichen kommen.

Für die Bearbeitung von Fallbeispielen in der mündlichen Prüfung empfehlen wir, folgende Punkte zu beachten:

- *Lassen Sie sich Zeit mit der Beantwortung*
- *Stellen Sie Rückfragen, wenn Sie etwas nicht verstanden haben.*
- *Erläutern Sie Ihren Gedankengang zur Diagnosestellung und nennen Sie nicht einfach eine Diagnose*
- *Beachten Sie immer, wie Sie weiter handeln müssen (Abgeben an einen Psychiater, Notarzt oder Polizei verständigen etc.)*
- *Im Zweifelsfall abgeben und keine unsichere Diagnose stellen*

11.2 Übungseinheit

Lesen Sie die Beispiele aufmerksam durch und notieren Sie auf dem Seitenrand die Symptome und Ihren Diagnosevorschlag. Vergleichen Sie Ihre Lösungen anschließend mit unseren Vorschlägen!

Beispiel 1:
Eine 73-jährige Klientin stellt sich in Begleitung Ihres Sohnes in Ihrer Praxis vor. Sie wirkt von Anfang an gereizt und sträubt sich gegen ein Gespräch. Eigentlich, so sagt sie, wisse sie nicht, was das eigentlich solle. Ihr fehle gar nichts. Ihr Sohn übertreibe maßlos.

Der Sohn schildert eine auffällige Vergesslichkeit, die nun seit gut drei Monaten so deutlich geworden sei, dass er sich ernsthafte Sorgen um seine Mutter mache. Seit einigen Jahren bereits sei seine Mutter vergesslich, allerdings habe es immer Schwankungen gegeben. Ihm sei es vorgekommen wie gute und schlechte Tage. Eine zeitlang habe die Mutter dann eine Seniorengruppe besucht, um etwas mehr Anschluss zu finden. Um nicht so viele Dinge zu vergessen, habe sie sich „Eselsbrücken" gebaut und überall in der Wohnung kleine Zettel mit Hinweisen aufgehängt. Inzwischen könne er sie nicht mehr alleine aus dem Haus gehen lassen. Es sei zweimal vorgekommen, dass sie den Weg nach Hause nicht mehr gefunden habe. Unterwegs konnte sie auch nicht nachfragen, weil ihr der Name ihrer Straße nicht mehr eingefallen sei. Krank sei sie nie gewesen.

Beispiel 2:

Eine 25-jährige Klientin wendet sich aufgrund „unerklärlicher" Beklemmungsgefühle an Sie und schildert Ihre Erlebnisse: „Es ist merkwürdig. Ich habe oft ein Gefühl, als läge ein schwerer Stein auf meiner Brust. Ich kann dann kaum durchatmen, wenn ich liege. Richtige Atemnot habe ich aber nicht. Manchmal ist es auch so, als wenn sich eine Schlinge um meinen Hals legt. Das kommt einfach so, im Grunde genommen jeden Tag. Es sind meine Gedanken. Ich denke immer, es könnte etwas passieren. Das Geld ist knapp und ich weiß nicht, ob ich meine Arbeit behalten kann. Was mache ich dann nur? Ich bin ja wirklich fleißig, arbeite gerne. Wenn ich aber arbeitslos werde, kann ich die Wohnung nicht mehr bezahlen. Mein Freund sagt immer, ich soll das Leben leicht nehmen. Er hat gut reden. Manchmal denke ich, er macht bestimmt bald Schluss mit mir. Dann warte ich zu Hause und denke die ganze Zeit, er kommt nicht mehr. Immer mache ich mir um irgendetwas Sorgen."

Die Klientin erzählt außerdem, dass Freunde und Bekannte sie als sehr schüchtern und unsicher bezeichnen. Alle würden sagen, sie solle sich nicht immer so viele Sorgen machen und manchmal auch, sie solle sich nicht so anstellen. Ihre Mutter würde außerdem immer sagen, es lauere nicht überall nur das Unheil.

Beispiel 3:

Sie behandeln einen 55-jährigen Mann, der nach einer Kündigung aufgrund der Insolvenz seines Arbeitgebers drei Monate arbeitslos war. Die Zeit der Arbeitslosigkeit hatte ihm schwer zu schaffen gemacht, da er nach fast vierzig Jahren in der gleichen Firma zum ersten Mal ohne Arbeit war. Er trank sehr viel in der Zeit, es wurde jedoch zunächst besser, nachdem er eine neue Arbeitsstelle gefunden hatte. Die Tätigkeit, die er in der neuen Firma macht, ist praktisch identisch mit seiner vorherigen Arbeit. Seit acht Wochen arbeitet der Klient nun an seiner neuen Arbeitsstelle. Sein Problem schildert er folgendermaßen: „Anfangs war es ganz gut. Ich war so froh, wieder Arbeit zu haben. Dann habe ich doch gemerkt, dass dort schneller gearbeitet wird. Vielleicht bin ich zu alt dafür. Der Ablauf ist ein bisschen anders, eigentlich nichts Großes. Dennoch habe ich Angst, nicht richtig Fuß zu fassen. Es wird schon gemunkelt, dass die Firma auch nicht mehr lange macht. Zuerst hat es gut funktioniert, dann ging es mir gar nicht mehr gut. jeden Tag war mir schlecht. Ich habe mich schließlich für eine Woche krankschreiben lassen. Nicht gerade vorteilhaft am Anfang einer neuen Arbeit, aber es ging nicht mehr, ich konnte einfach nicht mehr. Mein Hausarzt sagt, ich wäre gesund und solle jetzt arbeiten gehen. Bei dem Gedanken daran wird mir schon wieder schlecht. ich glaube, ich packe das nicht."

Beispiel 4:

Eine 35-jährige Klientin ersucht Sie um Hilfe, weil sie „kaum mehr aus dem Haus gehen könne". Sie sagt, sie habe ständig Angst, dass in ihrer Abwesenheit etwas passieren würde. Auf ihre Nachfrage, was genau sie dort befürchte, erläutert sie: „Es ist so, dass ich denke, vielleicht ist das Bügeleisen noch eingesteckt und fängt an zu brennen. Dann schaue ich nach und es ist alles in Ordnung. Eigentlich könnte ich jetzt gehen. Dann geht es jedoch weiter. Ich überprüfe den Herd und sehe nach, ob die Fenster geschlossen sind. Dann will ich gehen aber ich bringe es nicht fertig. Vielleicht ist das Bügeleisen doch noch heiß. Ich weiß, dass ich es schon überprüft habe. Dann denke ich aber, es könnte doch noch etwas sein, obwohl das eigentlich nicht sein kann. Also fange ich noch einmal an und wieder und wieder. Immer habe ich Angst, dass irgendetwas passiert, vielleicht ein Feuer. Ich habe es mit Beruhigungstropfen probiert. Die helfen aber nicht wirklich. Immer wieder kommt der blöde Gedanke, es könnte etwas passieren."

Beispiel 5:
Eine 60-jährige Klientin stellt sich in Begleitung ihrer Tochter in Ihrer Praxis vor und berichtet von einem plötzlichen Taubheitsgefühl in den Beinen. Sie könne nicht mehr gehen, weil sie die Beine nicht mehr spüre. Die Klientin sitzt in einem Rollstuhl und die Tochter erzählt, dass dies erst seit kurzem der Fall sei. Die Mutter hätte plötzlich Kraft in den Beinen verloren. Erklären könne das bisher niemand. Eine eingehende körperliche Untersuchung im Krankenhaus habe keinen Befund ergeben. Daher sei die Mutter zu einem Facharzt für Psychiatrie überwiesen worden. Dort wolle sie aber nicht hingehen, weil sie nicht verrückt sei. Sie habe die Mutter allerdings überreden können, sich in der Praxis eines Heilpraktikers für Psychotherapie vorzustellen. Sie erfahren weiter, dass die Beschwerden nun seit etwa drei Wochen bestehen und dass es auch Tage gab, an denen die Klientin kurz aufstehen konnte. Allerdings war die Tochter, die sie begleitet, nie dabei. Daher zweifelt diese daran.
Die Klientin macht einen insgesamt dysphorischen Eindruck und antwortet auf gezielte Fragen nur sehr langsam und zögerlich.

Beispiel 6:

Eine 42-jährige Klientin bittet Sie um Hilfe, weil Sie Schwierigkeiten mit Ihrem Mann habe. Dieser weigere sich, zu einem Arzt oder Therapeuten zu gehen. Vor etwa einem Jahr habe ihr Mann eine sehr schlechte Phase gehabt. Beruflich sei alles schief gelaufen. Die eigene Firma hätte fast Konkurs anmelden müssen. Monatelang sei ihr Mann kraftlos gewesen, ausgebrannt und kaum noch motiviert, etwas zu arbeiten. Er habe immer gesagt, es wäre alles unnütz, die Firma sei nichts Besonderes und jeder andere hätte es besser machen können als er. Zu dieser Zeit habe er häufig Selbstmordgedanken geäußert. Seit fast fünf Monaten ginge es ihm aber besser. Irgendwie habe er zu seiner alten Form zurückgefunden. Die Firma sei nun wieder relativ stabil im Geschäft durch neue Aufträge. Ihr Mann kümmere sich aber kaum noch darum. Er habe einen Urlaub geplant, der in wenigen Tagen losgehen solle. Alleine wolle er dabei eine Dschungelwanderung in Venezuela machen. Die Frau berichtet, er habe sich Landkarten besorgt und eine Route von fast 200 Kilometern festgelegt, die er zu Fuß und alleine zurücklegen wolle. Er habe keinerlei Erfahrung mit dem Klima dort und mit den Bedingungen im Urwald. Es sei eine verrückte Idee, zumal er keinerlei Vorbereitungen getroffen habe.

Beispiel 7:

Eine 40-jährige Klientin wendet sich sorgenvoll an Sie und berichtet von seltsamen Eigentümlichkeiten, die seit einigen Wochen bei Ihrem Mann aufgetreten seien. Er weigere sich, in einer Arztpraxis oder bei einem Heilpraktiker vorstellig zu werden.

„Wissen Sie, alles ging damit los, dass er plötzlich völlig aufgeregt nach Hause kam. Er ist Polizist und arbeitet hauptsächlich im Innendienst. Er sagte, er würde von Verbrechern verfolgt, es seien Drogenbosse, die es auf ihn abgesehen hätten und ihm auflauern würden. Seine Arbeit hat mit Drogendelikten nichts zu tun aber er sagte, es ginge darum, der Polizei einen Stich zu versetzen. Tagelang hat er sich im Haus versteckt. Ich musste ihn bei seiner Dienststelle krank melden. Ein sehr gut befreundeter Kollege hat uns schließlich nach einigen Tagen besucht, um nach ihm zu sehen. Es gab einen heftigen Streit, weil mein Mann ihm vorwarf, er gehöre auch zum Komplott und er lasse sich nicht täuschen. Fast wäre es zu Handgreiflichkeiten gekommen. Seitdem behauptet mein Mann, der Kollege beobachte ihn, er fahre vor dem Haus auf und ab und hätte sich im gegenüberliegenden Haus eingerichtet. Er höre ihn nachts reden, wahrscheinlich telefoniere er mit der Mafia. Das Haus gehört meiner Schwester, die den Kollegen nicht einmal kennt. Ich verstehe das nicht. Das geht nun schon seit drei Monaten so."

Beispiel 8:

Ein 35-jähriger Klient hatte bereits mehrfach einen Termin in Ihrer Praxis vereinbart, jedoch jedes Mal wieder abgesagt. Nun ist er zur ersten Sitzung bei Ihnen und berichtet: „Ich fühle mich irgendwie völlig fertig und müde. Obwohl ich fast normal schlafe, bin ich kaum einmal richtig ausgeruht. Trotzdem komme ich kaum aus dem Bett. Ich liege dann morgens noch stundenlang da und bin einfach träge. Meine Wohnung sieht schlimm aus, alles ist dreckig, weil ich keine Lust mehr habe zu putzen. Dann ist es mir wieder egal und ich denke, es interessiert sowieso niemanden, ob da sauber ist. Ich habe eigentlich ein ruhiges Berufsleben, aber ich kann mich einfach nicht mehr aufraffen. Ich bin platt. Ich sehe keinen Sinn mehr. Wofür soll ich jeden Morgen aufstehen? Mein Leben ist eintönig und belanglos geworden. Ich weiß nicht weiter. Manchmal denke ich daran, alles zu beenden. Aber selbst der Gedanke daran ist mühsam. Ich müsste mir Tabletten besorgen, das wäre eigentlich einfach. Dazu müsste ich aber in die Stadt fahren und zur Apotheke gehen. Ich sitze dann stundenlang im Sessel und sitze einfach so da, immer muss ich nachdenken und nachdenken, Sinn suchen ... Aber jeder Gedanke ist so mühsam, schleppend, eine richtige Anstrengung."

Beispiel 9:
Ein 52-jähriger Klient klagt über anhaltende Schmerzen, die bisher unerklärlich seien. Er laufe nun seit Jahren von Arzt zu Arzt, aber helfen könne ihm keiner.

„Mein Hausarzt sagt, ich soll zum Psychiater gehen, meine Schmerzen hätten keine Ursache. Das glaube ich nicht, aber nachdem ich nun seit fast drei Jahren erfolglos die Ärzte frage, würde mich interessieren, was Sie dazu sagen. Ich kann mir nicht vorstellen, dass das alles in meinem Kopf passiert. Es fing an mit Bauchschmerzen. Wochenlang hatte ich diese Krämpfe, niemand konnte etwas finden. Danach taten mir die Schultern weh. Ein ziehender schubartiger Schmerz, mal stärker, mal weniger deutlich. Ich dachte, es ist vielleicht eine Infektion oder eine Vergiftung, die durch meinen Körper zieht. So etwas hat man ja schon häufiger gehört, da tut einem dann alles weh. Es wurde wieder nichts gefunden. Anschließend hatte ich Kopfschmerzen, auch da gab es angeblich keine Ursache. Später hat mir der Rücken wehgetan. Ich denke so im Bereich der Nieren etwa muss das gewesen sein. Vielleicht auch ein Hexenschuss. Mein Hausarzt hat mich zu verschiedenen Fachärzten geschickt. Immer ohne Erfolg. Sie sagen, ich habe da nichts. Was denken Sie? Bin ich verrückt?"

Beispiel 10:

Eine 30-jährige Klientin berichtet Ihnen von „merkwürdigen Beklemmungen", die Sie in bestimmten Situationen habe.

„Es ist manchmal so, als wenn ein Seil um meinen Brustkorb gezogen wäre und plötzlich jemand zuzieht. Es wird dann ganz eng und ich muss nach Luft schnappen. Wie eine schwere Last auf der Brust fühlt sich das an. Ganz merkwürdig ist dieses Gefühl, ich kann es nicht erklären. Gleichzeitig beginnt mein Puls zu rasen. Wenn ich mich hinsetze und die Augen schließe, wird es langsam besser. Ich hatte das zum ersten Mal, als ich im achten Stock auf den Balkon gegangen bin. Meine Freundin ist umgezogen und hat mich eingeladen. Dort auf dem Balkon war die Luft so dünn. Da fing es an. Ich bin wieder in die Wohnung gegangen, um ein Glas Wasser zu trinken, da war es wieder weg. Wenn ich nun daran denke, fühle ich es auch, nur nicht so stark.

Lösungsvorschläge

Kapitel 1

Beispiel 1: retrograde Amnesie
Beispiel 2: zeitliche Orientierungsstörung
Beispiel 3: räumliche / örtliche Orientierungsstörung
Beispiel 4: Bewusstseinserweiterung
Beispiel 5: Déjà-vecu
Beispiel 6: situative Desorientiertheit
Beispiel 7: anterograde Amnesie
Beispiel 8: Somnolenz
Beispiel 9: zeitliche Desorientiertheit

Kapitel 2

Beispiel 1: Verfolgungswahn, Vergiftungswahn, (olfakt. Halluzinationen)
Beispiel 2: verlangsamtes Denken
Beispiel 3: Gedankenabreißen (Gedankensperrung)
Beispiel 4: Zerfahrenheit, Paragrammatismus, Neologismen
Beispiel 5: Zerfahrenheit (Inkohärenz)
Beispiel 6: Wahnstimmung
Beispiel 7: Zwangshandlung, Kontrollzwang
Beispiel 8: Grübeln
Beispiel 9: nihilistischer Wahn, Versündigungswahn

Kapitel 3

Beispiel 1: optische Halluzination, Photeme
Beispiel 2: Gedankenausbreitung
Beispiel 3: Willensbeeinflussung, wahnhafte Deutung
Beispiel 4: Pareidolie
Beispiel 5: Pseudohalluzination
Beispiel 6: Gedankenentzug
Beispiel 7: Derealisation, Depersonalisation
Beispiel 8: akustische Halluzinationen, komm. und imperat. Stimmen
Beispiel 9: gustatorische Halluzination, wahnhafte Deutung
Beispiel 10: Gedankenlautwerden

Kapitel 4

Beispiel 1: Dysphorie
Beispiel 2: Affektlabilität, Deprimiertheit, Vitalgefühlsstörung
Beispiel 3: Mutismus
Beispiel 4: Affektinkontinenz
Beispiel 5: Deprimiertheit, Gefühl der Gefühllosigkeit
Beispiel 6: Stupor
Beispiel 7: Antriebsarmut
Beispiel 8: Parathymie

Kapitel 5

Beispiel 1: Wahnstimmung, Größenwahn, akustische Halluzination (Phoneme) mit
Wahngedanken, Wahnwahrnehmung, Wahnwahrnehmung
Beispiel 2: Antriebsarmut, Antriebshemmung, Denkhemmung, nihilistischer Wahn
Beispiel 3: gestörtes Kurzzeitgedächtnis, Antriebs-, Affektarmut, verarmte Mimik,
Beispiel 4: Ideenflucht, Antriebssteigerung, Euphorie, Größenwahn

Kapitel 6

Beispiel 1: **Delir (postoperativ)**
Zerfahrenheit, Personenverkennung, räumliche und situative
Desorientiertheit, Bewusstseinsstörung, Erregung, Nesteln,
Amnesie … … anschließendes **Durchgangssyndrom:**
akustische Halluzinationen, wahnhafte Deutung
Beispiel 2: **Pseudodemenz**
gestörte Merkfähigkeit, Erinnerungslücken, Beginn bekannt,
Antriebsarmut, Dysphorie, „Jammern", Affektlabilität
Beispiel 3: **Korsakow-Syndrom**
zeitliche Desorientiertheit, gestörtes Kurzzeitgedächtnis

Kapitel 7

Beispiel 1: **Manie**
Hyperaktivität, Ideenreichtum, Selbstüberschätzung, Größenidee, Wahn-
gedanken, Zerfahrenheit, Agitiertheit, Feindseligkeit
Beispiel 2: **kurze reaktive Psychose**
Deprimiertheit, akust. Halluzination, 5 Tage Verzögerung, Dauer: 1 Woche
Beispiel 3: **Schizoide Persönlichkeitsstörung**
scheinbare Gleichgültigkeit gegen Kritik, Distanziertheit, Einzelgänger, wenige
Tätigkeiten bereiten Freude, wenig Interesse an sexuellen Beziehungen
Beispiel 4: **Wahnhafte Störung**
Deprimiertheit, Gefühl der Beeinträchtigung, Gefühl der Beeinträchtigung,
Gefühl der Beeinträchtigung, Wahnidee

Kapitel 8

Beispiel 1: **Zyklothymia**
Antriebshemmung, Deprimiertheit, Dysphorie, *Phasenwechsel*: vermindertes
Schlafbedürfnis, Euphorie, Alltag wird bewältigt, geringe Phasenausprägung
Beispiel 2: **Dysthymia**
keine deutlich erhöhte Suizidalität, Deprimiertheit, Dysphorie, anhaltender
Zustand ohne „Spitzen", kein Phasenwechsel

Kapitel 9

Beispiel 1: **Zwangsstörung**
Unruhe, Ängstlichkeit, Agitiertheit, stereotype Wiederholung, sich aufdrängender Impuls

Beispiel 2: **Posttraumatische Belastungsstörung**
Flashbacks, Deprimiertheit, Schreckhaftigkeit, Unruhe, Ängstlichkeit, Latenz: 3 Wochen

Beispiel 3: **Panikstörung (mit Agoraphobie)**
plötzliches, anfallsartiges Auftreten, Unruhe, Klasse als Auslösesituation (zeitweise), Erstickungsgefühle, subjektiv empfundenes Herzrasen, Angst vor Herzstillstand, plötzliches Abklingen, Erwartungsangst

Beispiel 4: **HypochondrischeStörung**
dauernde Angst vor einer Herzerkrankung, Perspektivenwechsel möglich (kein Wahn!), keine körperliche Erkrankung

Beispiel 5: **Soziale Phobie**
Angst mit Zittern, Schweißausbruch und Erröten, Auftreten der Symptomatik, wenn die eigene Person im Mittelpunkt steht

Kapitel 10

Beispiel 1: **Zwanghafte (anankastische) Persönlichkeit**
Gewissenhaftigkeit, Perfektionismus, leistungsbezogen, Sorgfalt, Rigidität, Vernachlässigung von Vergnügen, starre Moral

Beispiel 2: **Dissoziale (Antisoziale) Persönlichkeit**
Gesetzesbrüche, Unfähigkeit zum Beibehalten von Beziehungen, Gleichgültigkeit gegenüber Rechtsbruch

Beispiel 3: **Histrionische Persönlichkeit**
Betonung des Äußeren, sexuell aufreizend, fehlende Distanz, unangemessene Nähe, theatralisches Verhalten

Beispiel 4: **Schizoide Persönlichkeit**
Einzelgänger, flache Affektivität, Mangel an Freunden, fehlendes Interesse an sexuellem Kontakt zu anderen

Kapitel 11

Beispiel 1: **Demenz (Alzheimer)**
Reizbarkeit, gestörte Merkfähigkeit, schleichende Entwicklung, Orientierungsstörungen, bisher kein Hinweis auf Ursache

Beispiel 2: **Generalisierte Angststörung**
Beklemmungen, fehlender Situationszusammenhang, keine Auslöser erkennbar, viele Sorgenthemen, Antrieb unauffällig, fehlende sachliche Begründung der Angst

Beispiel 3: **Anpassungsstörung**
Belastungssituation, keine objektiv zu hohe Anforderung, verzögerter Beginn, Ängstlichkeit, Skepsis, Überforderungsgefühl

Beispiel 4: **Zwangsstörung**
Ängstlichkeit, Unruhe, Kontrollzwang, Klientin erkennt die „Unsinnigkeit", stereotype Wiederholungen, erfolgloser Versuch, Widerstand zu leisten

Beispiel 5: **Dissoziative Störung**
plötzlicher Beginn, Unfähigkeit zu stehen oder zu gehen, kein körperlicher Befund, wechselnde Symptomausprägung, abhängig von Situationen/ Personen, Deprimiertheit

Beispiel 6: **Bipolare Störung hier: manische Phase**
Depressive Phase: Antriebsarmut, Selbstanklage, Suizidabsicht anschließend Phasenwechsel ... **manische Phase:** Größenideen, Selbstüberschätzung

Beispiel 7: **Paranoide Schizophrenie**
fehlende Krankheitseinsicht, Verfolgungswahn, Verfolgungswahn, akustische Halluzinationen (Stimmen)

Beispiel 8: **Depression**
Antriebsarmut, Antriebshemmung, Verlust der Freude, Dysphorie, Deprimiertheit, Perspektivlosigkeit, Mangel an Lebensfreude, Suizidtendenz, Antriebsmangel, Grübeln, Denkhemmung

Beispiel 9: **Somatisierungsstörung**
körperliche Beschwerden, keine physische Ursache, Dauer über mehrere Jahre, Ablehnung seelischer Ursachen, hauptsächlich Schmerzen, schwankende Ausprägung, „wandernde" Schmerzen, keine subjektive Festlegung auf bestimmte Körperbereiche

Beispiel 10: **Isolierte PhobieHöhenangst**
Druckgefühl im Brustraum, Atemnot, Tachykardie, Situationszusammenhang erkennbar, Höhe als Auslöser